매혹과 슬픔

매혹과 슬픔

1판 1쇄 발행 2019년 8월 1일

글 최돈선
사 진 허영
펴 낸 이 신혜경
펴 낸 곳 마음의숲

대 표 권대웅
주 간 이효선
책임편집 송희영
편 집 전태영
디 자 인 임정현 박기연
마 케 팅 노근수 허경아

출판등록 2006년 8월 1일(제2006-000159호)
주 소 서울특별시 마포구 와우산로30길 36 마음의숲빌딩(창전동 6-32, 3층)
전 화 (02) 322-3164~5 팩스 (02) 322-3166
이 메 일 maumsup@naver.com
인스타그램 instagram.com/maumsup
용지 신승지류유통(주) 인쇄 스크린그래픽 제본 (주)상지사P&B

ISBN 979-11-6285-042-8(03900)

*이 도서의 국립중앙도서관 출판예정도서목록(CIP)은 e-CIP홈페이지(http://www.nl.go.kr/ecip)와
국가자료공동목록시스템(http://www.nl.go.kr/kolisnet)에서 이용하실 수 있습니다.
(CIP제어번호: CIP2019028440)

매혹과 슬픔

내 영혼의 시베리아

최돈선 쓰고 허영 찍다

마음의숲

서문

시베리아를 여행하는 일은 한 편의 동화를 쓰는 일입니다. 아니 그 매혹의 들판과 강과 삶을 쓰는 일입니다.

저는 늘 시베리아를 그리워했습니다. 시베리아엔 사시사철 매일매일 눈이 오는 줄 알았습니다. 이 맹목적인 상상은 지금도 변하지 않고 있습니다. 한여름에도 시베리아 어느 깊은 곳엔 눈이 내리고 있을 것이라 상상합니다.

시베리아 철로를 놓는 데 25년이란 세월이 흘렀습니다. 시베리아 철로를 기획하고 실행한 사람들은 모두 죽었습니다. 그 대역사大役事 위에 차가운 평행선이 놓였습니다. 러시아 마지막 황제 니콜라이 2세는 시베리아 어느 지하실에서 총살당했습니다. 그것이 제겐 너무 먼 나라의 이야기일 뿐입니다. 침목 위에 레일을 놓고 망치로 쇠못을 치던 노동자들도 죽었습니다. 그 일을 우리의 고려인들이 했습니다. 그리고 그의 후손들은 화물칸에 실려 중앙아시아 황량한 벌판에 버려졌습니다. 지난날 고려인들이 겪었을 슬픔을 저는 전혀 알지 못했습니다.

그런 이야기입니다.

이 글은 시베리아에서 일어난 슬픔의 역사가 담겨 있습니다. 제가 어릴 때부터 상상했던 매혹적인 시베리아. 늘 눈이 내리고 늑대가 울고 자작나무 위로 달이 뜨는 시베리아는 우리의 슬픈 생이 교직되어 있습니다. 한여름, 저는 시베리아를 여행하면서 많은 상상을 했습니다. 그곳 어딘가엔 아직도 눈이 펑펑 내리고 있다고. 어쩌면 저 먼 북극의 원주민들이 지금도 순록을 사냥하면서 혹독한 생을 견디어내고 있을 거라고.

이 글은 제가 겪은 일을 가감 없이 쓴 글입니다. 물론 제 부족한 상상이 덧붙여졌음은 옥의 티입니다. 그러나 그 상상을 버릴 수가 없었습니다. 여행은 상상 속에서 고단함을 지웁니다. 삶이 아름다운 것은 그 상상의 작용 때문입니다. 그렇다고 이 글이 대충 기록된 글이 아님을 읽는 이라면 아실 수 있습니다. 늘 모자란 저입니다. 하지만 저는 러시아 역사를 꼼꼼하게 살피고 나름대로 지역에 대해 많은 공부를 했습니다. 그래도 잘못된 오류가 있지 않을까 내심 저어합니다. 혹시 잘못된 점이 있다면 크게 꾸짖어주시고 바로잡아 주십시오.

이 글은 네 부분으로 되어 있습니다. 〈슬픔〉, 〈떠남〉, 〈신비〉, 〈매혹〉.

〈슬픔〉의 장은 연해주 이야기입니다. 연해주는 우리 고려인들의 근거지나 다름없습니다. 소련 스탈린 정권의 강제이주 정책으로 고려인들은 중앙아시아의 혹독한 사막으로 내몰렸습니다.

〈떠남〉의 장은 시베리아 횡단열차를 타고 이르쿠츠크로 떠나는 이야기입니다. 풍경을 스쳐 가면서 지냈던 열차 안의 여러 이야기가 담겨 있습니다.

〈신비〉의 장은 바이칼 호수 안의 올혼섬 이야기가 기록되어 있습니다. 그곳은 우리 한인들의 고향이나 다름없습니다. 우리와 똑 닮은 부랴트인들을 만나면 우린 먼 시원의 꿈을 꾸게 됩니다.

〈매혹〉의 장은 시베리아의 파리라 불리는 이르쿠츠크의 이야기입니다. 러시아 '12월 혁명당원' 이야기 속엔 아름다운 순애보가 펼쳐집니다. 그리고 또한 바이칼 호수 주변에 살고 있는 원주민의 삶이 수채화처럼 그려져 있습니다.

지나온 날은 다시 올 수 없습니다. 우린 다만 그 지나온 날을 어렴풋이 더듬을 뿐입니다.

여행을 할 때 과거의 역사를 이해하지 못하면 여행은 그만큼 무의미한 것이 됩니다. 시베리아를 현미경처럼 들여다보진 못하더라도 전체적으로 시베리아에 대한 큰 그림을 그린다는 건 매우 중요한 일입니다.

언젠가는 우리의 철도가 그곳으로 연결될 날이 올 것입니다. 그 희망은 우리가 꼭 이루어내야 할 아름다운 꿈입니다.

2019년 8월 여름

최돈선

ОКОЛАДНИЦА

차례

서문 • 4

시베리아 여행 지도 • 27

1장

슬픔

연해주

저는 백석의 시처럼 떠납니다 • 31

라즈돌리노예 • 38

카이제르 수염 • 45

발해와 노란 마타리꽃 • 51

우수리스크의 밤 • 60

두 개의 다른 혈서 • 68

고려인문화센터에 기록된 까레이스키 역사 • 74

성명회와 13도의군 | 일제의 잔인한 보복, 4월 참변
대한국민노인동맹단의 의거 | 강우규 의사
불모의 땅에 피어난 들꽃 | 중앙아시아 벌판에 버려진 사람들
스탈린 독재의 희생양, 강인한 생명력으로 일궈낸 삶
소비에트 최고의 모범 집단 농장 | 물거품이 된 한인들의 꿈
혁명 이후의 한인 무장 투쟁 | 연해주로 다시 돌아오다

노비의 자식 최재형 • 83

저는 아무개입니다 스파시바 • 94

신한촌엔 고려인이 없었습니다 • 101

블라디보스토크 • 107

독수리전망대 | 아르세니예프 박물관 | 해양공원

혁명광장의 비둘기와 슬픈 기억의 저편 • 128

2장

떠남

시베리아 207열차

이별하며 시작이다 • 139

시원의 기억 • 144

길 그리고 비 • 146

창을 통해 걸어간 벌판 • 151

여름에 그리운 눈

207열차의 시베리아 횡단 • 157

하바롭스크 | 아무르강 철교 너머
시베리아의 강은 북으로 흐른다
시베리아는 유형이고 문학이다
움직이는 사회 | 북어의 등뼈
복도 | 식당으로 가는 길
식당 메뉴 | 역 역 역 역
시베리아의 별 | 빈 마을
정다운 식탁 | 핏방울 같은 해
현실이 상상이 될 때

3장

신비

올혼섬

너울 길 파도를 타고 • 213

바이칼을 건너다 • 219

황무지 • 226

부르한 바위 • 234

메리골드꽃이 걸어다니는 저녁 식사 • 248

가슴을 치면 북이 울었다 • 255

올혼섬의 아침 • 259

고양이의 방문 이야기 • 262

하란치 마을 • 268

올혼섬에선 때로 길을 잃는다 • 277

호보이곶의 순례자들 • 285

올혼섬의 최북단 호보이곶

오물국 • 294

사랑하기 위해 태어나라 • 300

신비의 마법사 모닥불 • 306

4장

매혹

이르쿠츠크

부랴트 촌장의 정중한 환대 • 313

시베리아의 매혹 이르쿠츠크 • 322

유형지 이르쿠츠크 | 데카브리스트
혁명의 실패와 유배 | 유배지에서 꽃 핀 순애보
데카브리스트 박물관 둘러보기
즈나멘스키 수도원 | 도난사건
자작나무와 어머니 | 자작나무 숲 사이로

탈치 민속박물관으로 가는 길 • 357

성채 | 과거의 기억들
쿡젤끔 이야기 | 마트료시카 그리고 오카리나
점심 식사 후에 바라본 안가라강 길목의 바위
호수 박물관 | 리스트뱐카의 노천시장
반야욕 그리고 늑대 | 130번가, 네온의 밤

시베리아 여행 지도

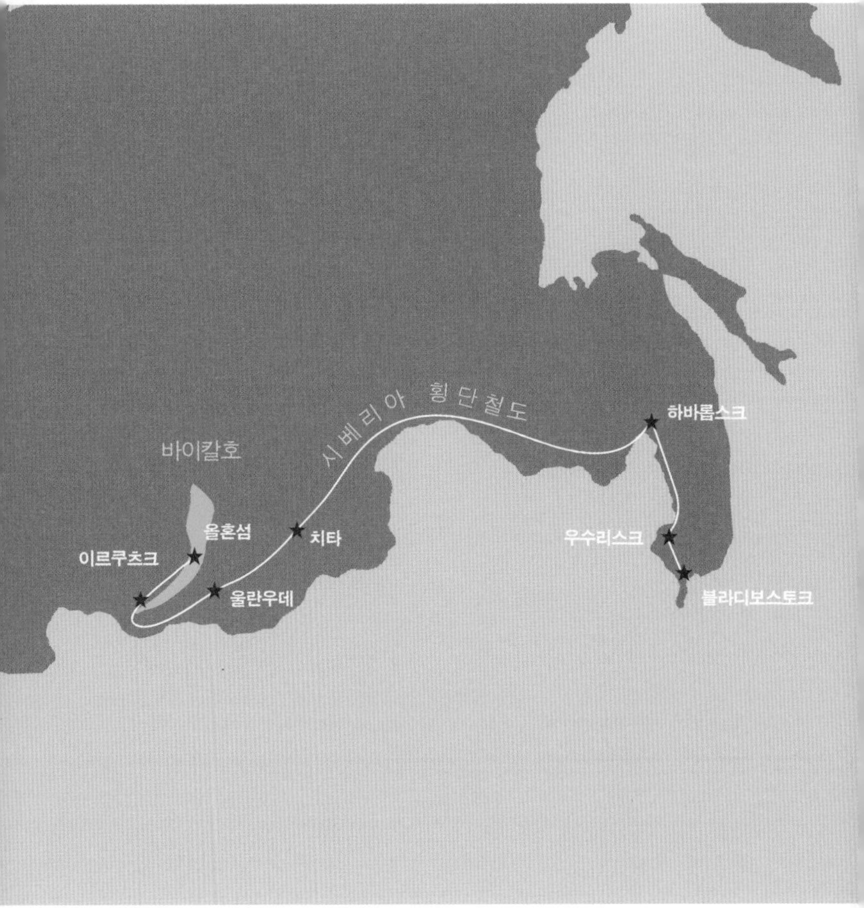

1장

슬픔

연해주

저는 백석의 시처럼 떠납니다

시베리아는 타타르어로 '시비르', 잠자는 땅이란 뜻입니다. 어둑한 숲에선 불곰이 어슬렁거리고 있습니다. 여름 모기가 극성을 떠는 강기슭으로 연해주의 호랑이가 설핏 얼룩 줄무늬를 드러냅니다. 그 호랑이는 산과 강을 소리 없이 넘나듭니다.

저는 시베리아 횡단열차를 탑니다. 제가 꿈에도 그리던 바이칼 호수에 손을 담그러 갑니다. 밤이면 사악한 늑대의 무리가 붉은 달을 물어뜯는 자작나무 숲으로 갑니다. 주먹 같은 별들이 야만의 마을에 뚝뚝 떨어져 시가 되는 그곳. 한국인과 똑 닮은 부랴트인들이 안개처럼 살고 있는 동화 속 마을로 떠납니다. 한국인의 혼이 담긴 샤먼의 올혼섬으로 저는 야적夜賊처럼 휘파람 불며 떠납니다.

아득한 넷날에 나는 떠났다
부여夫餘를 숙신肅愼을 발해渤海를 여진女眞을 요遼를 금金을
흥안령興安嶺을 음산陰山을 아무우르를 숭가리를
범과 사슴과 너구리를 배반하고
송어와 메기와 개구리를 속이고 나는 떠났다

나는 그때
자작나무와 이깔나무의 슬퍼하든 것을 기억한다
갈대와 장풍의 붙드든 말도 잊지 않었다
오로촌이 멧돌을 잡어 나를 잔치해 보내든 것도
쏠론이 십릿길을 따라나와 울든 것도 잊지 않았다

나는 그때
아모 이기지 못할 슬픔도 시름도 없이
다만 게을리 먼 앞대로 떠나 나왔다
그리하여 따사한 햇귀에서 하이얀 옷을 입고 매끄러운 밥을 먹고 단샘을 마시고 낮잠을 잤다
밤에는 먼 개소리에 놀라나고
아츰에는 지나가는 사람마다에게 절을 하면서도
나는 나의 부끄러움을 알지 못했다
그 동안 돌비는 깨어지고 많은 은금보화는 땅에 묻히고 가마귀도 긴 족보를 이루었는데

이리하야 또 한 아득한 새 녯날이 비롯하는 때
이제는 참으로 이기지 못할 슬픔과 시름에 쫓겨
나는 나의 녯 한울로 땅으로—나의 태반胎盤으로 돌아왔으나

이미 해는 늙고 달은 파리하고 바람은 미치고 보래구름만 혼자 넋 없이 떠도는데

아, 나의 조상은 형제는 일가친척은 정다운 이웃은 그리운 것은 사랑하는 것은 우러르는 것은 나의 자랑은 나의 힘은 없다 바람과 물과 세월과 같이 지나가고 없다

- 백석 〈북방에서 - 정현웅에게〉

정현웅(鄭玄雄) 당시의 삽화가. 백석이 《여성》지 편집자로 근무할 당시 《여성》지에 삽화를 그렸다. 백석의 옆모습 스케치와 인상기를 써서 《문장》지에 싣기도 했다.

흥안령(興安嶺) 중국 동북지방 내몽고자치구 동부와 흑룡강성 북부에 걸친 산맥.

음산(陰山) 중국 몽골고원 남쪽에 뻗어 있는 산맥. 왼쪽의 낭산(狼山) 부근에서 오른쪽으로 홍안령산맥의 남쪽 부근까지 뻗어있다.

아우무르(흑룡강黑龍江) 중국에서는 헤이룽강, 러시아에서는 '아무르강(Amur)'이라 부른다.

숭가리(송화강松花江) 흑룡강의 가장 큰 지류. 백두산에서 발원하여 북으로 흐르는 물줄기와 흑룡강성에서 내려오는 눈강이 합류해 동쪽으로 흘러 흑룡강으로 빠진다.

멧돌 멧돼지.

오로촌 오로촌(Orochon)족. 중국 동북지방에 거주하는 소수민족.

앞대 평안도에서 보아 남쪽지방을 지칭하는 말.

일찍이 백석 시인은 다니던 직장에 사표를 내고 만주 신경神京(지금의 길림성 장춘)으로 떠났습니다. 그때가 1938년이었고 28세의 꽃다운 나이였습니다. 하얀 조약돌처럼 빛나는 그 이름 백석.

그는 그곳에서 이 시를 썼습니다. 그가 기록한 북방은 몽골의 아득한 초원과 근육질의 흥안령산맥과 검은 용의 아무르와 일송정 푸른 솔의 송화강이었습니다. 저는 백석이 그려낸 대초원과 산맥을 훌쩍 뛰어넘어 시베리아의 황량한 지대로 가야 합니다. 그곳은 자작나무와 전나무, 그리고 잎갈나무가 삼림을 이룬 곳입니다.

저는 배웠습니다. 시베리아는 지구상의 맨 북쪽 끝에 있노라고. 거기엔 북반부 툰드라의 눈보라가 사시사철 몰아친다고. 정말 그런 곳이 있다고 저는 풍문으로 들었습니다. 봄이 오면 예니세이강으로부터 얼음덩이들이 북극해로 흘러들고, 그 빙하의 거친 물살을 뚫고 철갑상어 떼들이 안가라강을 거칠게 거슬러 올라 바이칼 호수에 닿는다고. 저는 기억합니다. 한반도보다 78배나 넓은 그곳엔 실로 수많은 이야기가 별처럼 숨어 있다고.

저는 어릴 때 러시아 동화를 읽은 적이 있습니다. 제목은

〈황금물고기〉입니다.

어부漁夫인 할아버지와 물레 돌리는 할머니가 호숫가 오두막집에서 살았습니다. 어느 날 할아버지의 그물에 황금물고기가 걸립니다. 황금물고기는 할아버지에게 애원합니다. "제발 저를 놓아주셔요. 뭐든 소원을 다 들어드릴게요." 놀랍게도 황금물고기는 말을 할 줄 아는 물고기였습니다. 이를 불쌍히 여긴 할아버지는 그 물고기를 놓아주고 돌아와 할머니에게 자초지종을 이야기합니다. 할머니는 몹시 화를 내며 "당장 가서 빨래통이라도 바꿔달라 하세요." 하고 할아버지를 호숫가로 돌려보냅니다. 할아버지는 황금물고기를 불러 "할멈이 새 빨래통이 갖고 싶다는구나" 하고 말합니다. 황금물고기는 걱정하지 말고 어서 집으로 가보라고 합니다.

집으로 돌아와 보니 정말 새 빨래통이 놓여 있었습니다. 그 후 할머니는 화려한 집을 원했고 차츰 요구가 많아져 귀부인이 되더니 나중엔 여왕까지 되었습니다. 이에 할머니는 더욱 욕심을 부려 용왕이 되고 싶다고 말합니다. 할아버지의 말을 전해 들은 황금물고기는 아무 대답 없이 깊은 호수 속으로 사라집니다. 할아버지가 할머니에게 돌아왔을 때 궁전은 흔적도 없이 사라지고 낡은 오두막집 한 채만 덩그러니 놓여 있었다고 합니다.

이 이야기는 러시아 시인 푸시킨이 지었다는 이야기가 있습니다만 전해오는 러시아 민담이라고 합니다. 어쩌면 그 이야기의 무대가 바이칼 호수가 아닐까 하는 생각이 저를 마냥 즐겁게 합니다. 또한 톨스토이가 지은 동화《사람은 무엇으로 사는가》를 좋아합니다. 다 아시겠지만 톨스토이는 러시아의 대문호입니다. 그는 말년에 러시아에 전해오는 전설을 모아 동화집을 펴냈습니다.

웬일인지 별 같은 러시아 작가들의 이야기책을 많이 읽고 살았습니다. 그래서일까요? 제 마음속엔 러시아의 이야기가 늘 보석처럼 자리하고 있습니다. 저는 비행기 안에서 이런 우스갯소리를 들었습니다. 러시아에선 무조건 4자를 뛰어넘어야 한다고. 아주 흥미로운 말이어서 여기에 기록합니다.

> 러시아에서는 기온이 영하 40도 아래로 떨어지지 않으면 추위도 아니라네. 알코올 도수가 40도 이상이 아니면 보드카가 아니고 400km가 넘지 않으면 거리도 아니라네.

저는 4자를 넘어 진정한 러시아를 만나기 위해 일행과 함께 비행기에 탑승했습니다. 비행기 안에서 처음 안도현 시인과 인사했습니다. 그는 저를 알고 있었습니다. 제 시집《물의 도시》를 한 권 가지고 있다 했습니다.

저는 오래전 그가 쓴 동아일보 신춘문예 당선작 〈서울로 가는 전봉준〉을 읽었습니다. 저는 그 시를 보고 마음속에 큰 울림을 받았습니다. 그날 그 시를 읽은 이들은 모두 그랬을 겁니다. 그 후부터 저는 그의 시를 즐겨 읽게 되었습니다.

일행은 모두 31명으로 교수, 공무원, 회사대표, 목사, 동화작가, 인형극단장, 교사, 주부 등 다양한 직종의 사람들이 '희망래일希望來日'이란 이름으로 모였습니다. 이름도 참 잘 지었습니다. 우리에게 시베리아의 레일rail은 희망래일이 되어야 하니까요.

비행기는 서해 청도 쪽으로 비행하다 공해상에서 우회하여 오른쪽 백두산 압록강 경계를 날았습니다. 블라디보스토크 공항에 도착했을 때는 현지 시각으로 오후 1시 36분이었습니다. 서울 인천공항에서 블라디보스토크까지 848km, 두 시간 정도면 닿을 아주 가까운 곳에 그리도 먼 러시아가 있었습니다.

입국 수속은 오래 걸렸습니다. 오후 2시 10분에야 수속을 마치고 공항을 빠져나왔으니까요. 현지 인솔자가 마중 나와 우리를 우수리스크행 버스로 안내했습니다.

라즈돌리노예

우수리스크로 가는 길. 그 도중에 우린 라즈돌리노예역과 이상설 유허비 그리고 발해 성터를 찾기로 했습니다. 구름이 무겁게 덮여 있었습니다. 길가의 나무숲이 바람결에 녹색 손수건처럼 흔들렸습니다. 버스는 직선도로를 달렸고, 방목된 말이 들판에 정물처럼 놓여 있었고, 버스는 해독解讀되지 않는 러시아어 간판을 스쳐 지나갔습니다. 온통 녹색 천지였습니다. 몬순기후여서인지 바람은 습기를 머금었으나 시원했습니다. 나무들과 초원이 축축이 젖어 있었습니다. 비가 오락가락 산보하며 쉬를 하는가 보다고 누군가가 말했습니다. 그렇게 우린 라즈돌리노예역에 당도했습니다.

아담하고 고즈넉한 풍경이 무심하게 놓여 있었습니다. 우산이 없어도 괜찮을 부슬비가 내리기 시작했습니다. 회색 구

라즈돌리노예. 여기가 우리의 조상이 강제이주당한 곳입니다.
여기가 그리 멀지 않은 과거, 1937년 9월 9일
우리의 고려인들이 불모의 땅 중앙아시아로 내몰린 첫 시발역입니다.

름이 강 쪽으로 몰려갔지만 레일 위의 화물차들은 정물처럼 꿈쩍도 하지 않았습니다. 인적조차 느낄 수 없는 적막함이 너무나 한가했습니다.

저는 메모장에다 이렇게 적었습니다.

> 나는 처음 슬픔과 만났다. 슬픔은 딱딱하게 굳어 있었다. 철로도 하늘도 검은 구름도 나무도. 심지어 내리는 비도 굳어 있었다. 슬픔은 고형질의 화석이 되어 그곳에 있었다. 그러나 그 슬픔을 야기한 이들은 멀리 떠나고 없었다. 다만 실체가 사라진 슬픔의 공허만을 나는 보았을 뿐이다.

라즈돌리노예. 여기가 우리의 조상이 강제이주당한 곳입니다. 여기가 그리 멀지 않은 과거, 1937년 9월 9일 우리의 고려인들이 불모의 땅 중앙아시아로 내몰린 첫 시발역입니다. 이 선발대를 시작으로 블라디보스토크, 우수리스크, 하바롭스크에서 고려인들의 강제이주가 자행되었고, 그 고통의 여정은 11월까지 계속되었습니다. 강제이주 고려인은 17만 2천 명. 스탈린의 고려인 이주 결정문서엔 기록되어 있지 않으나 고려인을 강제이주키로 한 결정은 다음과 같이 요약할 수 있습니다.

당시 소련의 정세는 극히 불안했습니다. 1931년 만주 지역이 일본의 침략을 받기 시작했고, 1934년 레닌그라드 당 제1서기가 암살되었습니다. 그것을 계기로 대숙청의 피바람이 불었습니다. 극동 지역의 고려인 공산당 간부 2천여 명도 보안기관에 체포되었다고 합니다.

당시 일본군은 만주를 장악하고 있어서 인근의 연해주도 어찌 될지 모르는 상황이었습니다. 극동 지역에 고려인을 둔다는 것은 매우 불안한 일이었다고 합니다. 고려인은 일본인과 닮아 구별이 잘 안 될 뿐만 아니라 십중팔구 일본의 첩자로 활동할 게 틀림없다는 것이 소련 당국의 생각이었습니다.

게다가 극동주에 거주하는 고려인의 규모가 심상치 않았습니다. 특히 두만강과 경계를 이루던 포시에트 마을은 고려인들이 대부분을 차지하고 있었습니다. 향후 고려인의 자치 요구가 가일층 거세질 것이 틀림없어 보였습니다. 이에 소련 당국은 1938년 포시에트 공산당 지구당 제1서기인 김 아파나시를 총살합니다. 극동주를 소련에서 분리하려는 무장봉기를 획책한 혐의였습니다.

또한 중앙아시아 지역은 인구가 적고 농업생산을 위한 노동수요가 절실히 요구되었습니다. 1927년 극동 지역 고려인들이 카자흐스탄으로 이주하여 벼농사를 성공시킨 사례가 있습니다. 그 근면성과 기술력을 높이 산 소련 당국은 고려인들이 중앙아시아 농업생산력 향상에 크게 기여할 것으로 판단했다는 겁니다.

참으로 막막한 길이었을 겁니다. 화물칸엔 화장실도 없었습니다. 들판 한가운데 열차가 잠시 서는 사이 들개처럼 들판으로 달려가 일을 보곤 했습니다. 노인과 어린아이들은 추위와 굶주림을 견디지 못하고 죽어갔습니다. 그들은 차갑고 황량한 벌판에 내다 버려졌습니다. 그렇게 살아 있는 자들은 40여 일을 짐짝처럼 실려 갔습니다. 그 아팠던 시발역 라즈돌리노예. 하지만 라즈돌리노예역은 한가하게 아무 일도 없었다는 듯이 시치미를 떼고 있었습니다.

강제이주의 역사는 강대국의 전유물인지도 모릅니다. 눈을 돌리면, 자유와 민주의 상징인 미국이란 나라도 다르지 않았습니다. 1830년 미국 7대 대통령 앤드루 잭슨은 인디언 강제이주정책을 골자로 하는 인디언 이주법을 제정합니다.

이주하지 않고 저항하는 인디언에게는 잔인한 학살을 자행했습니다. 인디언들은 미시시피강 너머 황폐한 서쪽 땅으로 추방되었습니다. 후세 역사가들은 이 길을 '눈물의 길Trail of Tears'이라 명명했습니다. 테네시주 조지아. 그레이트스모키

산맥 국립공원이 그들의 터전이었습니다. 체로키족은 수천 킬로미터의 여정 동안 질병과 굶주림으로 14,000명 중 1,200명만 살아남았다고 합니다. 이들은 나중에 대륙횡단철도 건설로 또다시 강제이주를 거듭하게 됩니다.

라즈돌리노예 역사驛舍 안은 아무도 없고 사방 창문은 모두 닫혀 있습니다. 문 안쪽으로 현상수배범 전단이 붙어 있군요. 한 러시아 여인이 어디선가 나타나 가방을 옆구리에 끼고 황급히 사라졌습니다. 열차가 오고 간 흔적조차 없었는데도 말입니다.

아주 작은 역입니다. 하역을 하거나 화물을 선적하는 열차만 정차하는 역입니다. 승객을 태운 열차는 그냥 지나갈 때가 많습니다. 들러도 1분 정도 아주 잠깐 정차하는 게 고작입니다. 가는 비가 오락가락 뿌렸습니다. 모퉁이를 돌아 예슬이와 예슬 엄마가 나타납니다. 역시 예슬이 왼손엔 공책이 들려 있습니다.

갑자기 예슬이가 멈춰 섭니다. 무슨 일인지 잠시 두리번거리더니 하늘을 올려다봅니다. 하늘은 먹구름이 무겁게 깔려 있습니다. 먹구름으로 보아 소낙비가 올 텐데도 그냥 가늘게 비를 뿌릴 따름입니다. 예슬인 오른손에 들고 있는 볼펜으로 무언가 적는 시늉을 합니다. 그리고 또 하늘을 올려다봅니다. 다시 고개를 숙여 무엇인가 공책에 적습니다. 그런데 이상한 일이 벌어졌습니다. 누구도 그런 이상한 낌새를 눈치채는 이는 없었습니다.

하늘을 덮었던 먹구름이 미세하게 움직이기 시작했습니다. 도무지 걷힐 것 같지 않던 구름이 어느새 두꺼운 얼음이 갈라지듯 틈이 벌어졌습니다. 쏴아! 순간, 햇살이 소낙비 소리를 내며 쏟아져 내렸습니다. 아주 맑디맑은 햇살입니다.

저는 예슬이의 공책에 무엇이 적혀 있는지를 짐작합니다. 아라비안나이트의 '열려라 참깨'였을까요? 아니면, 그 공책엔 '열려라 구름!' 이렇게 적혀 있었을까요? 아니 아닙니다. 거기 공책엔, 가느다란 선 하나가 빗금처럼 무심히 그어져 있었을 게 틀림없습니다.

카이제르 수염

비석 하나로 남은 한 사람을 보았습니다. 육신의 살을 태우고 그 뼈를 빻아 수이푼강에 뿌려진 한 사람. 그 사람이 하얀 비석으로 서 있었습니다. 이분이 바로 이상설입니다. 이상설은 1907년 제2회 헤이그 만국평화회의에 고종의 특사로 파견되었습니다. 목적은 일본과 맺은 을사늑약의 부당함과 일본의 침략을 널리 알리기 위해서였습니다. 그러나 일본의 방해로 회의에 참석조차 하지 못하자 분에 못 이긴 이준李儁이 그만 순사殉死하고 맙니다.

저는 이준 열사의 죽음이 너무도 장렬해서 이상설에 대해선 그다지 기억나는 게 없습니다. 솔직히 저는 카이제르 수염 하나만 기억할 뿐입니다. 당시는 카이제르 수염이 유행했던 모양입니다. 이위종도 이준도 모두 수염을 길렀더군요. 그것이 제가 어릴 때 교과서에서 본 세 분 사진에 대한 기억

이상설 유허비.이상설의 유해는 수이푼강에 뿌려져 바다로 갔습니다.

의 전부입니다.

이상설은 헤이그에서 순사한 이준을 가매장하고 미국을 거쳐 블라디보스토크로 건너왔습니다. 일본제국의 총리대신 이토 히로부미는 헤이그 밀파의 책임을 추궁하고 고종을 폐위했습니다. 이상설은 조국으로 돌아갈 수 없었습니다. 그래서 그가 선택한 곳이 연해주입니다.

연해沿海는 바닷가에 잇닿은 지역이란 뜻입니다. 동해에 면한 이 지역의 이름은 프리모르스키Primorskiy 지방을 한국어로 의역한 것이라고 합니다. 면적이 한국의 약 1.67배이고 80%가 산악지대로 되어 있습니다. 주도州都는 블라디보스토크Vladivostok로 인구는 62만 명입니다. 주요 도시론 18만 명이 사는 우수리스크Ussuriysk와 16만 명이 사는 나홋카Nakhodka가 있습니다.

원래는 발해의 영토였으나 이후 숙신肅愼·말갈靺鞨·여진女眞의 땅으로 중국의 지배하에 있었다고 합니다. 1860년 북경조약으로 러시아령이 되었는데, 러시아는 그 남단에 블라디보스토크를 건설했습니다. 러시아는 이 도시를 극동의 군사와 무역의 중요 근거지로 삼고 있습니다.

이상설의 활약은 눈부셨습니다. 그는 연해주와 북간도 일대의 의병을 통합한 십삼도의군의 실질적 책임을 맡았습니다. 일제의 강력한 요청으로 러시아 당국은 이상설을 비롯하여 성명회 및 십삼도의군의 주요 인물 42명을 체포합니다. 이상설은 니콜리스크(지금의 우수리스크)로 추방되었다가 1911년에 블라디보스토크로 다시 돌아옵니다.

이상설은 1914년 연해주를 비롯하여 북간도 지역에서 활동하는 독립운동가들을 규합합니다. 이것이 최초의 망명정부인 대한광복군 정부입니다. 그러나 1914년 7월 제1차 세계대전이 발발, 러시아와 일본이 동맹국이 됩니다. 최재형이 이끄는 권업회와 긴밀히 연계한 광복군 정부는 러시아 정부의 탄압으로 그 활동을 중단할 수밖에 없게 되었습니다. 상해로 간 이상설은 신한혁명당을 결성했으나 그만 병을 얻고 말았습니다. 이상설은 1917년 3월 2일 우수리스크에서 48세를 일기로 생을 마감합니다.

"나는 조국광복을 이루지 못했다. 내 육신과 유품은 불태워 바다에 뿌려라. 제사도 지낼 필요 없다."

이것이 이상설이 남긴 마지막 유언이라고 합니다. 이상설의 유해는 수이푼강에 뿌려져 바다로 갔습니다. 조국이 광복되고 난 뒤 이준 열사의 유해는 돌아왔으나 이상설의 유해는

헤이그특사. 왼쪽부터 이준, 이상설, 이위종.

흰 물거품이 되어 여전히 바다를 떠돌고 있습니다. 그가 우리에게 남긴 이미지는 오로지 카이제르 수염 하나뿐입니다.

발해와 노란 마타리꽃

이상설의 유허비는 옛 발해 성지城址로 진입하는 도로변에 세워져 있습니다. 멀리 들판 끝으로 수이푼강이 보입니다. 유허遺墟란 역사적 사실의 기록만 있고 그 장소에 유물이나 문화재가 전혀 없는 곳을 말합니다. 사람들은 유허지에 당시의 역사적 사실을 기록한 비석을 세웠는데 그것을 유허비라 합니다.

우리는 하얀 재질의 화강암 비 앞에서 잠시 묵념을 했습니다. 누가 갖다 놓았는지 붉은 꽃 한 다발이 말없이 놓여 있었습니다. 비문엔 이렇게 적혀 있습니다. 다른 내용은 생략하고 중요한 역사적 기록만 여기 적습니다.

1907년 7월 광무황제의 밀지를 받고 헤이그 만국평화회의에 이준, 이위종을 대동하고 사행하여 한국독립을 주장하다. 이어 연해주에서 성명회와 권업회를 조직하여 조국독립운동에 헌신 중 순국하다. 그 유언에 따라 화장하고 그 재를 이곳 수이푼 강물에 뿌리다.

들판은 온통 샛노란 마타리꽃으로 수놓아져 있습니다. 이 넓은 대지의 주인은 알고 보니 발해渤海도 아니요 러시아도 아닌, 마타리였습니다. 광활한 대지는 언제나 전운이 감돌게 마련입니다. 식물들의 전쟁에서 최종적으로 승리한 종種만이 그 대지를 점령하는 법입니다. 물론 엉겅퀴나 쑥 같은 풀들도 자라고 있습니다.

수이푼강이 띠처럼 들판을 가로질러 가는 이 발해 성지는 오랜 침묵에 잠겨 있습니다. 비가 그친 하늘은 회색 구름이 낮게 덮여 있었고 시원한 산들바람이 강에서 불어왔습니다.

일행은 옛 발해의 땅이었던 들판을 가로질러 수이푼강 쪽으로 나아갔습니다. 방금 전 비가 내린 탓에 곳곳에 물이 고인 웅덩이가 나타났고 습기 먹은 땅은 질척하고 미끈거렸습니다. 스물네 살의 처녀 예슬이가 하마터면 진흙탕에 넘어질 뻔했습니다. 다행히 예슬이는 엄마의 부축으로 주저앉은 몸을 간신히 일으킬 수 있었습니다. 모두들 박수를 쳐주었습니다.

예슬이는 늘 공책과 볼펜을 가지고 다닙니다. 그리고 무엇이든 관찰하여 공책에 적습니다. 무엇을 그리는지 무슨 암호를 적어놓는지 우린 알지 못합니다. 물론 엄마는 알고 있을 테지만요. 아마도 예슬인, 이 발해의 비밀스런 땅을 어떤 암호로 그려내려다 그만 발을 헛디뎌 미끄러졌는지도 모릅니다.

수이푼강은 게으르게 흘렀습니다. "길다" 누군가가 그렇게 말했습니다. 저는 퍼뜩 쥘 르나르를 떠올렸습니다. 제가 읽은 시 중에서 가장 짧은 시, 그 시는 단 한 줄입니다.

너무 길다

전 이 시를 보고 그만 깜짝 놀라고 말았습니다. 가장 짧은 시이면서 가장 길었던 겁니다. 제목은 〈뱀〉이었습니다. 이 시는 쥘 르나르의 《박물지》에 실려 있습니다. 그는 프랑스의 시인이자 소설가입니다. 저는 이 《박물지》를 이따금씩 들여다보며 감탄사를 자아내곤 합니다.

정말 깁니다. 이쪽 지평선 끝에서 저쪽 수백 킬로미터 떨어진, 보이지 않는 해안선 저쪽 끝까지 닿으려면 이천 년은 더 걸릴지도 모릅니다.

그만큼 강은 굽이굽이 휘돌아서, 가늘게, 멀리 흘렀습니다. 강을 껴안은 들판은 단순했습니다. 녹색 들녘과 회색 구름이 깔린 하늘, 그리고 샛노란 마타리와 이름 모르는 한 그루 나무, 또 여기저기 다복다복 모인 숲들과 저쪽 언덕배기의 붉은 건물과 검은 흙덩이의 대지. 이 단순하고 강렬한 색채가 앙리 마티스의 그림을 떠올리게 하는 건 왠지 모를 일이었습니다.

우린 야트막한 언덕 위로 올라갔습니다. 그곳이 발해 성지를 바라볼 수 있는 전망대라고 했습니다. 아무 시설도 없는 그냥 언덕이었습니다. 인솔자가 손을 들어 이쪽저쪽을 가리켰습니다.

저기서 여기까지, 이 대지가 발해의 성터였습니다. 현재 발굴 중이지만 지지부진합니다. 이걸 모두 발굴하자면 얼마의 시간이 걸릴지 알 수 없습니다. 다만 강이 휘돌아가는 저 안쪽이 성내城內였다고 추측합니다. 수이푼강이 자연적인 해자垓子* 역할을 하여 성은 아주 견고했을 것이라고 학자들은 말합니다.

---

* **해자** 적의 침입을 막기 위해 성 둘레를 깊게 파서 만든 못.

우수리스크는 발해 15부 중 하나로 솔빈부 관할 지역입니다. 1950년대 중반부터 이곳에서 성터 및 절터가 발굴되고 있지만 진도는 매우 느린 편입니다. 해동성국의 발해. 고구려 장수 대조영이 고구려 유민을 이끌고 중국 길림성 동모산에 나라를 세우는데 그 나라가 '발해'입니다. 그러니까 고구려 유민은 소수지배층이었고 말갈족이 발해의 주요 구성원이었습니다.

그 후 발해는 번영을 누려 연해주까지 세력을 확장했습니다. 발해가 멸망한 뒤 12세기경엔 여진족이 금金 왕조를 세워 번성하다가 17세기 만주족의 청淸 왕조가 들어서 청의 영토가 되었습니다. 그런데 역사란 참으로 알 수 없는 것이어서 1866년 청 왕조는 이곳을 제정 러시아에 할양하고 맙니다. 그 후 차르 니콜라이 1세의 이름을 딴 니콜리스크예 마을이 생겨나고, 우수리스크 철도가 개통되어 니콜리스크 우수리스크시가 되었다고 합니다. 러시아가 알래스카를 미국에 헐값에 팔아먹은 뒤 나중에 땅을 치고 후회하더니 이젠 청이 러시아에 할양한 연해주가 정치적 경제적으로 매우 중요한 땅이 될 줄이야 누가 알았겠습니까.

저는 이 해동성국 발해를 황금의 도시 엘도라도라고 상상합니다. 남아메리카 아마존강 어딘가에 숨어 있다는 그 도시 말입니다. 그런 상상만 하고 있어도 제가 꿈꾸는 세상이 마냥 즐거워 보입니다. 그것으로 족합니다. 역사든 문학이든 상상은 아주 중요하니까요.

우린 네모반듯하게 파놓은 터를 만났습니다. 인솔자는 발해인의 주거지라 했습니다. 지배민족인 고구려인이 살았을 리는 없고 아마 피지배 민족인 말갈인의 주거지가 아니었을까 추측해본다고 했습니다. 하지만 무릎 높이로 패인 이 좁은 터를 주거지라고 하기엔 어딘가 빈약해 보였습니다. 한두 시간 전 다른 관광객 일행이 다녀갔는지 담배꽁초가 몇 개 널려 있었습니다.

발굴 중입니다. 인솔자는 자신 있게 말했습니다. 어디 줄이 쳐진 흔적도 보이지 않았고 안내판 하나 꽂혀 있지도 않았습니다.

"첫 발굴의 시작을 이렇게 합니다."

인솔자의 설명은 왠지 힘이 없어 보였습니다. 아마도 확신이 서지 않았던 모양입니다. 불현듯 이 사람에 대한 신뢰도에 의문이 들었습니다. 어쩌면 정작 가야 할 데를 안 가고 이런 한가한 곳에 우리를 안내한 건 아닌지 의아스러웠습니다. 심드렁해진 우리는 그냥 사진기만 눌러댈 뿐이었습니다. 그야

말로 우리에겐 발해의 성지는 무無였고 오랜 침묵이었습니다.

저는 그곳에서 검은 흙을 한 줌 퍼냈습니다. 아주 부드러운 흙이었습니다. 저는 어깨에 메고 있던 가방에서 비닐 팩을 꺼내어 그 안에 흙을 넣고 지퍼를 잠갔습니다.

"흙을 뭐하시려고요."

누가 물었습니다.

"네. 그냥 검은 흙이 신기해서요."

저는 간결하게 답해주었는데 그것이 정확한 답변이었는지 지금 생각해보니 좀 모호한 점이 있습니다. 이후 공항을 빠져나올 때 이 흙을 버렸습니다. 출국에 지장을 줄까 염려해서입니다. 그게 저는 지금도 몹시 후회가 됩니다. 어쩌면 그 흙은 황금의 흙일지도 모르기 때문입니다.

노란 마타리가 이 들판에 지천으로 핀 것 좀 봐. 이 땅은 뭔가 신비한 기운을 품고 있을 게 틀림없어, 라는 생각이 제 머릿속에 구름처럼 피어난 겁니다. 이 막연한 믿음. 참으로 우스꽝스럽고 참으로 어처구니없는 몽상이 아닐 수 없습니다.

그렇습니다. 그 흙에 식물을 심으면 어쩌면 아, 거기에, 놀랍게도 황금나무가 무럭무럭 자랄지도 모른다는 상상. 듣기엔 참 우습고 터무니없지만 이런 공상이 저를 한시도 떠나지 않고 있다는 것만은 진실입니다.

우수리스크의 밤

우린 석양 무렵, 우수리스크 시내로 들어왔습니다. 어느 한적한 골목을 통과하자 저는 중국식 붉은 기와지붕 위의 간판을 보았습니다. 식당인데 차茶도 판다고 했습니다. 고려인이 경영하는 식당은 규모가 크지도 작지도 않았습니다. 러시아에 들어와 먹는 첫 식사입니다. 다들 기대하는 눈치였습니다.

고사리, 취나물, 돼지고기김치볶음, 깻잎, 고추조림, 탕수육, 그리고 된장국과 밥이 나왔습니다. 굵직한 고비와 고사리가 참 맛있었습니다. 반찬들이 입맛에 맞았습니다. 이 지역은 고비나 고사리가 많이 난다고 합니다. 아까 발해 성지의 흙이 검은 것으로 보아 짐작은 되었지만요. 저는 식탁에 꽂힌 빨간 꽃무늬의 종이 냅킨이 정겨워 코에 갔다 대고 냄새를 맡았습니다. 옛날 짜장면집에서 여러 번 입을 닦던 그 냅킨이었습니다. 어쩌면 우린 40년도 훨씬 넘은 과거로 회귀

했는지도 모릅니다.

저녁 식사를 마치고 나오니 서쪽 해는 저희들을 기다리느라 지지도 않고 그대로 하늘에 붙박여 있는 듯했습니다. 식당과 가까운 마트에 들렀습니다. 한국의 신라면, 면류, 과자류 등도 한가득 진열되어 있었습니다. 저는 필요한 물품들을 집은 후 계산대로 갔습니다. 그런데 환율계산이 안 되어 어물어물하다 곁의 박성호 동화작가의 도움을 받았습니다.

"선생님, 무조건 1루블은 20원입니다. 10루블은 200원이고요, 100루블은 2천원입니다."

고등학교 제자인 박성호 작가는 또박또박 반복하여 셈하는 법을 가르쳐주었습니다.

"응, 알았네. 계산하긴 그리 어렵지 않군."

하지만 저는 여행 내내 매번 그 계산법에 서투른 나머지 곰곰이 철학하는 손님인 척 속으로 셈을 해야 했습니다.

마트에서 나온 우리는 시청 옆 호텔에 짐을 풀었습니다. 저와 허영이 한방을 쓰게 되었습니다. 나머지 모두는 뿔뿔이 자기 방으로 흩어졌고, 박성호 작가 부부도 위층 방으로 올라갔습니다. 허영과 전 여장을 풀고 밖으로 나왔습니다. 마침 안도현 시인과 만나 시청 광장에서 최초의 만남을 기념하는 사진을 찍었습니다.

박성호 신영우 부부도 왔고, 조민행 변호사도 왔고, 그 외 여러분들이 왔습니다. 시청 광장엔 소년 하나가 인라인스케이트를 타고 있었습니다. 저는 한국말로 물었습니다.

"얘야, 여기 바다가 어느 쪽이니?"

그런데 놀랍고 신기하게도 소년은 웃으며 손가락으로 남쪽 끝을 가리켰습니다. 그리하여 우리는 바다를 향해 걷기 시작했습니다. (사실 저는 우수리스크엔 바다가 가까이 있을 거라 생각했습니다. 그런데 다들 그렇게 생각하고 있었다는 걸 나중에야 알았습니다. 참 신기한 일입니다.)

소년이 가르쳐준 길은 화기애애한 길이었습니다. 우린 드문드문 지나가는 자동차를 보았고, 이런저런 이야기를 두서없이 했으며, 잠시 건널목 신호등에서 대기하다 뒤따라 온 두 분의 목사님과도 합류했습니다.

"소금 냄새가 끼쳐오지 않나요?"

"그렇군요. 바람이 바다 쪽에서 오네요."

"밤이 온다는 신호예요."

이런 수작을 붙이며 우린 무작정 걸었습니다. 홍등가처럼 생겨 먹은 백화점의 요염한 진열창을 지났고 휴대폰을 파는 한국의 삼성 매점을 지났습니다. 바다가 있으리라는 믿음은 노란빛의 정교회 건물을 지나자 더욱 확고해졌습니다.

러시아어에 능통한 이규영 박사가 러시아 정교회에 대한 이야기를 시작했습니다. 점점 날이 어두워졌고 전등 하나하나가 별처럼 반짝반짝 불을 켰습니다. 이규영 박사의 해박한 정교회 역사는 바로 러시아 역사로 환치되어 빛을 발했습니다. 발이 가는 대로 일정한 지향도 없이 걸었습니다. 우리의 모습이 어쩌면 별이 유난히 빛나는 밤에 구세주의 탄생지를 찾아 떠나는 동방박사의 시늉이었을 것이 분명합니다.

우린 어느 한적한 공원에 도착하여 '영원의 불'과 만나게 되었습니다. 그곳이 바로 '꺼지지 않는 불꽃'이 타오르는 추모 광장임을 나중에야 알았습니다. 러시아엔 20개의 주요 도시마다 '영원의 불'이 타오르고 있습니다. 우리가 찾아가는 도시인 블라디보스토크에도, 하바롭스크에도, 바이칼의 도시 이르쿠츠크에도 이 '꺼지지 않는 불'은 영원이란 이름으로 타오르고 있습니다. 러시아를 지킨 혁명 영웅들을 기리는 이 불꽃은 어쩌면 러시아 사람들의 무한한 애국심과 자부심일지도 모릅니다.

영웅기념탑 아래 있는 별 표시 가운데로 밝은 불꽃이 솟구쳐 오르고 싱싱한 생화가 주변에 풍성히 놓여 있었습니다. 그

그곳이 '꺼지지 않는 불꽃'이 타오르는 추모 광장임을 나중에야 알았습니다.
러시아엔 20개의 주요 도시마다 '영원의 불'이 타오르고 있습니다.

런데 참으로 놀라운 사실을 알게 되었습니다. 매년 4월 5일이면 우수리스크시 주관으로 4월 참변 추모제가 열린다고 합니다. 당시 일본군에게 희생된 한인과 러시아인 위패를 모신 자리입니다. 그 한가운데 최재형이란 인물의 초상화가 놓인다고 했습니다. 금시초문이었습니다. 4월 참변은 뭐고 최재형은 누구일까요?

1917년 러시아에 10월 혁명이 일어납니다. 일본은 이듬해 시베리아에 거주하는 일본인을 보호한다는 명분으로 군대를 파병합니다. 당시 연해주의 조선인은 제정 러시아의 기존 체제를 지지하는 세력과 볼셰비키 혁명파를 지지하는 두 세력으로 나뉘었습니다. 고려공산당의 전신인 한인사회당의 세력이 좀 더 우세했는데 그 반대세력인 멘셰비키 측이 일본군과 연합하여 조선인을 핍박하자 조선인 사회는 급격히 볼셰비키 쪽으로 기울어집니다.

3월 12일엔 붉은 군대가 우수리스크의 일본군 진지를 공격하여 궤멸하고 다수의 일본 민간인이 살해됩니다. 이에 일본군은 4월 5일 조선인 마을인 신한촌을 습격하여 조선인 300여 명을 학살합니다. 붉은 군대에 조선인 불순 항일세력이 가담해 있었다는 이유였습니다.

'신한촌'뿐만 아니라 연해주 곳곳에서 방화, 살인이 일어나 러시아인 5천 명이 살해되고, 블라디보스토크와 우수리스크 등지에서 수많은 조선인이 체포됩니다. 이때 최재형도 붙잡혀 죽임을 당합니다. 이 최재형은 연해주 한인들의 대부라고 불리는 지도자였습니다. 별명이 '페치카'였는데, 페치카pechka는 벽에 설치한 벽난로를 말합니다. 최재형은 당시 연해주의 한인들에겐 벽난로처럼 따뜻한 존재였다고 합니다.

놀랍게도 안중근 의사가 이토 히로부미를 처단하기 위해 사전준비를 진행한 곳은 최재형의 집이었다고 합니다. 하얼빈 의거의 실질적인 조력자가 최재형임이 밝혀진 것은 오랜 시간이 지난 후였습니다.

우린 바다를 더 이상 찾지 않았습니다. 사실 바다는 더 멀리 가야 합니다. 수이푼강의 흐름을 따라 남쪽 블라디보스토크를 향해 자동차로 최소한 1시간 20분을 달려야 한다는 걸 그제야 알았습니다. 우수리스크의 밤은 침묵에 잠겼습니다. 우린 영원의 불꽃을 오래도록 바라보았습니다.

소년은 좀 더 먼 바다로 떠나라고 했건만 우린 그러지 않았습니다. 우리가 다시금 소년의 꿈으로 돌아가는 일은 아쉽게도 여기서 접기로 했습니다. 어쩌면 이 영원의 불꽃이 우릴 불러냈는지도 모릅니다. 소년의 영혼이 그렇게 우리의 길을 안내했던 건 아니었을까요?

돌아온 우리는 호텔 바로 옆에 맥주 바가 있음을 발견했습니다. 저마다 흑맥주나 노란 생맥주를 시켰고, 안주로 각종 소시지와 오징어도 주문했습니다. 그리고 서로의 술잔을 부딪치며 한 잔 한 잔 들이켰습니다. 7도의 바다가 아닌 7도의 생맥주가 출렁였습니다.

"바다를 못 보았군요."

"아, 그래요."

"이 흑맥주 이름이 뭔가요?"

"발티카랍니다."

영원의 불꽃과 최재형과 신한촌 이야기는 한마디도 하지 않았습니다. 저는 제가 어찌 방으로 돌아왔는지 통 기억이 없습니다. 저는 아무 꿈도 없이 잘 잤습니다. 우수리스크의 밤은 아무 일도 일어나지 않았습니다. 그럼에도 영원의 불꽃은 모든 이의 꿈속에 꺼지지 않고 타올랐을 것이 틀림없습니다.

두 개의 다른 혈서

아침이 되자 우린 간단히 호텔식으로 식사를 마치고 고려인 문화센터를 찾았습니다. 입구에 한인이주 140주년을 기념하는 빗돌이 세워져 있었습니다. 우린 긴 회랑을 따라 전시장 안으로 들어갔습니다. 연대별로 정리된 한인이주사와 애국지사들의 행적을 마음속에 새기며 천천히 둘러보다가 문득 안중근 의사의 사진 앞에 멈추어 서고 말았습니다.

안중근 의사가 일본 검사에게 취조를 받고 있는 사진이었습니다. 검사는 집요하게 배후인물을 캐물었으나 안중근 의사는 혼자 기획하고 혼자 실행한 일이라며 버텼습니다. 그 고초 또한 상상을 초월하는 일이었을 터이지만 그 의연함에 감동한 취조관들이나 교도관들은 안 의사를 존경하게 되었다고 합니다.

그때 남긴 "하루라도 책을 읽지 않으면 입속에 가시가 돋는다"는 문신 같은 휘호와 단지한 손바닥의 먹물 낙관, 이것은 한국인의 혼이 되어 우리들 가슴속에 영원히 남아 있습니다.

1910년 3월 25일 사형집행 하루 전, 두 동생 정근과 공근이 안 의사를 면회합니다. 안 의사는 그 자리에서 자신이 죽은 뒤 동지들과 함께 찍은 사진과 블라디보스토크 이치권의 집에 맡겨둔 단지한 손가락을 찾으라고 당부했다고 합니다.

안정근은 1911년 단지동맹원 백정규로부터 '혈서를 한 태극기'와 잘린 손가락을 넘겨받습니다. 그 후 안정근의 부인 이정서가 시아주버니인 안중근 의사의 단지를 허리춤에 묶고 다녔다고 하는데 어찌 된 일인지 그 이후로 손가락은 미궁 속으로 실종되고 말았습니다.

그에 반해 저는 한 사람을 똑똑히 기억합니다. 그는 군사쿠데타를 일으켜 정권을 잡은 인물입니다. 그는 유신으로 제2쿠데타를 일으키고 영구집권의 기틀을 마련했습니다. 그러나 어느 날 자신의 심복에게 살해되고 맙니다.

다카키 마사오. 박정희의 일본 이름입니다. 다카키 마사오는 일제강점기에 초등학교 교사 생활을 했습니다. 그런 그가 일본의 만군에 지원하게 됩니다. 박정희는 '한 번 죽음으로

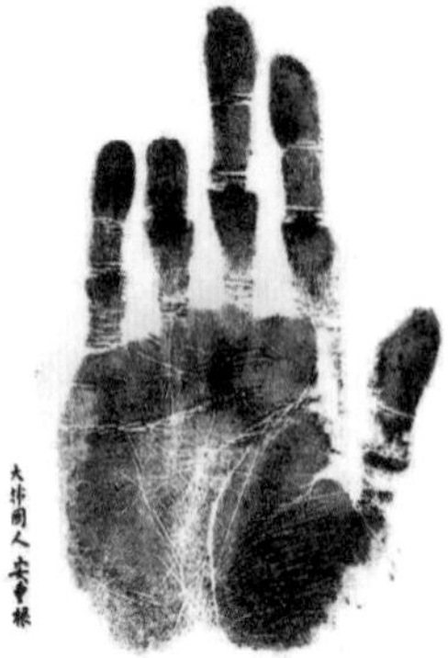

안중근 의사 단지한 수인.

〈단지 동맹〉 동무들과 태극기에 혈서로 쓴 '대한독립'.

자료제공 안중근의사숭모회

血書▼軍官志願
半島の若き訓導から

二十九日治安部軍政司徴募課へ朝鮮慶尚北道聞慶西部公立小學校訓導朴正煕君（二三）より熱烈なる軍官志願の手紙が戸籍謄本、履歴書、教員檢定合格證明書とともに〃一死以テ御奉公　朴正煕〃と血書した半紙を封入、書留で送付されて係員を感激せしめた、同封の手紙には

（前略）日系軍官募集要綱を拜讀しますと小生は凡ての條件に不適合の樣であります、甚だ僭越にて恐懼の至と存じますけれども御無理を申しあげて是非國軍に御採用下さいませんでせうか（中略）日本人として恥ぢざるだけの精神と氣魄とを以て一死御奉公の堅い決心でございます、しつかりやります、命のつゞく限り忠誠を盡す覺悟でございます（中略）一人前の滿洲國軍人として滿洲國のため延いては祖國のため何で一身の榮達を

다카키 마사오 혈서군관지원 기사.

출처 만주신문
원문 소장처 일본 국회도서관
자료제공 민족문제연구소

써 충성을 다함—死以テ御奉公 朴正熙'이란 혈서를 써 만주군관학교에 보냅니다. 조국 일본을 위해 일신의 영달도 바라지 않는다는 내용입니다.

만군의 주요 임무는 조선의 독립군을 궤멸하는 일이었습니다. 그 군대에 자격이 미달하더라도 뽑아달라고 혈서를 쓴 것입니다.

안중근 의사는 자신의 무명지를 잘라 대한독립이란 혈서를 썼지만 다카키 마사오는 조선의 독립군을 때려잡기 위해 혈서를 썼습니다. 안중근 의사의 단지한 손가락과 다카키 마사오의 혈서 기사를 앞에 놓고 저는 윤동주의 시를 아프게 새깁니다.

죽는 날까지 하늘을 우러러 한 점 부끄럼이 없기를 잎새에 이는 바람에도 나는 괴로워했다

일제는 뤼순형무소에서 사형을 집행한 후 안 의사의 시신을 가족에게 넘기지 않았습니다. 사형을 집행한 후 시신을 태워 소멸시켰을 것이 틀림없습니다. 시신을 수습하지 못한 정부는 서울 효창공원 백범 김구 묘역에 안중근 의사의 빈무덤(가묘)을 만들었습니다. 안중근 의사 가묘 옆에는 이봉창,

윤봉길, 백정기 의사가 나란히 안장되어 있습니다. 어느 재야학자는 안중근 의사의 잘린 손가락을 찾아 가묘에 묻을 수만 있다면 이 가묘는 진짜 묘가 되는 것이라고 했습니다. 실제로 국립묘지 애국지사 묘역에 있는 고당 조만식 선생의 묘에도 유해 대신 손톱과 머리카락이 묻혀 있습니다. 그러나 시신 없는 가묘일망정 꺼지지 않는 그 민족혼은 우리 모두의 가슴에 뜨겁게 살아 있다는 것만은 분명합니다.

고려인문화센터에 기록된 까레이스키 역사

1860년대 구한말부터 한인(고려인)들은 두만강을 건너 연해주로 이주해 왔습니다. 굶주림과 학정에 시달린 유민流民들이 대거 몰려들었습니다. 러시아는 횡단철도 건설과 변방을 개척하는 데 한인들의 노동력이 필요했습니다. 그래서 이주해오는 한인들을 흔쾌히 받아들였습니다.

1874년 블라디보스토크에 세워진 한인마을 이름이 개척리입니다. 개척리는 날로 번성했습니다. 그러나 콜레라가 창궐하자 러시아 정부는 시 외곽으로 이들을 강제이주시켰습니다. 그리고 새로 만들어진 마을을 '신한촌'이라 불렀습니다. 중앙아시아로 강제이주되기 전까지 이 신한촌은 한인들의 중심 생활터전이었고, 해외 독립운동가들의 주요 활동 근거지였습니다.

연해주. 이 땅은 수많은 애국지사가 조국의 독립을 위해

혼을 불태운 곳입니다. 1910년 일제에 의한 조선 강점이 이루어지자 한인들은 조직적 항일투쟁을 벌이기 시작합니다. 우리는 횡단열차를 타기 전에 한인들이 어떻게 살아왔으며 어떤 고난을 겪었는지 알아야 했습니다. 고려인문화센터 전시관에 기록된 고려인의 삶과 강제이주 역사는 다음과 같습니다.

성명회와 13도의군

1910년, 의병부대인 13도의군이 조직됩니다. 목표는 국경을 넘어 국내로 진공해 일제를 몰아내는 것. 13도의군은 산하에 창의군과 장의군 등 2개 부대를 두었습니다. 창의총재는 이범윤, 장의총재는 이남기가 맡았으며, 도총재 유인석의 직접 지휘로 전투훈련에 매진했습니다.

의암 유인석은 을미의병乙未義兵의 중심인물이었습니다. 을미의병은 1895년 명성황후 시해사건과 단발령에 분격한 유생儒生들이 일으킨 항일의병을 말합니다. 친일내각 타도와 일본세력 구축驅逐을 목표로 했습니다. 제천에서 봉기한 의병은 한때 충주성을 점령했으나 관군과 일본군의 공성전에 밀려 제천으로 회군하게 됩니다. 그 후 각처에서 전투가 벌어져 많은 전과를 올립니다. 이에 단발령이 철회되고 친일파인 김

의병장 13도의군 총재 유인석은
을미의병의 중심인물이었습니다.

홍집 일파가 축출되자 의병 활동이 소강상태로 접어들게 됩니다. 이 틈을 노려 관군은 제천을 공략하여 의병은 크게 패합니다. 결국 연해주로 간 유인석은 13도의군의 도총재가 되어 다시금 일본군과 대립합니다.

더불어 13도의군의 유인석·이범윤·이상설 등은 '합병조약' 무효 선언을 위해 성명회를 조직했습니다. 선언서에는 8,624명이 서명을 했습니다. 이로써 대한의 자주독립의지가 세계만방에 선포되었습니다.

일제의 잔인한 보복, 4월 참변

독립운동의 불길에 놀라 탄압에 나선 일제는 1920년 4월 4~5일 이틀에 걸쳐 끔찍한 만행을 저질렀습니다. 일본군대는 연해주의 한인 거주지를 무차별 습격, 무수한 인명을 살상하고 마을을 파괴했습니다. 신한촌에서 죽은 한인의 숫자만 무려 300여 명. 시베리아 항일운동의 대부였던 최재형도 우스리스크에서 총살되었습니다. 현재 우스리스크에는 희생자를 기리는 추모비가 세워져 있습니다.

대한국민노인동맹단의 의거

1919년 3월, 신한촌을 근거지로 노인동맹단이 결성됩니다. 목표는 젊은 독립운동가들을 지원하는 것. 노인동맹단은 독립운동자금 모금 운동을 전개하고 일본 정부와 파리강화회의에 독립청원서를 제출하는 한편, 서울 종로 한복판에서 만세시위를 펼치는 등 다각적인 방법으로 독립운동을 전개했습니다. 일본의 신임 총독 사이토 마코토의 암살을 감행했던 강우규 의사 역시 노인동맹단의 일원이었습니다.

강우규 의사

백발이 성성한 노인. 이 노인은 함경남도 홍원洪原에서 한의사로 일하면서 학교를 설립해 학생들에게 신학문을 가르쳤습니다. 1910년 3·1만세운동이 일어나자 거사를 결심하고 서울에 잠입합니다.

1919년 9월 2일 남대문역(현재의 서울역)에서 제3대 조선 총독으로 부임하는 사이토 마코토의 마차에 폭탄을 던졌으나 총독을 살해하진 못했습니다. 곁에 있던 무라다 육군소장, 흔마치 경찰서장 등 많은 일인들에게 상해를 입혔습니다. 뜻을 이루지는 못했으나 강우규 의사의 거사는 조선청년들에게 큰 희망을 심어주었습니다. 이듬해 11월 서대문형무소에서 사형이 집행되었습니다. 강우규 의사의 나이 65세 때였습니다.

후세 사람들은 이 강우규 의사를 안중근, 윤봉길 의사와 더불어 3대 독립투사로 손꼽습니다. 그는 노인이었으나 신념이 굳고 늘 패기가 넘쳤다고 합니다. 박경리 소설 토지 2부에 토사곽란이 든 주갑이를 치료하는 '강 의원'이 등장하는데, 그가 바로 강우규 의사입니다. 주갑이는 '강 의원'을 좇아 만주 독립운동에 참가하는데 토지의 등장인물 중 유일한 실존 인물이기도 합니다.

불모의 땅에 피어난 들꽃

중일전쟁이 일어나던 해 1937년. 스탈린 정권은 한인의 강제이주를 결정합니다. 일본의 첩자가 될 수 있다는 이유를 들어서. 즉시 대대적으로 한인 민족주의자들의 숙청이 이루어졌습니다. 그리고 살아 있는 목숨들이 목적지도 모르는 채 쫓기듯 올라탄 기차. 시베리아 횡단열차 안은 굶주림과 공포뿐이었고, 용케도 살아남은 이들의 종착역은 갈대 덮인 중앙아시아의 벌판뿐이었습니다.

그곳에서 한인들은 땅굴을 파고 엄동설한을 견뎠으며 황무지를 개간했습니다. 그렇게, 막막한 광야에서 피워 올린 고난의 삶. 그 처절함과 절망이 까레이스키(러시아인들이 한인을 부르는 말) 들을 더욱 강하게 만들었습니다.

중앙아시아 벌판에 버려진 사람들

연해주에서 6,000km나 떨어진 이 반사막 지대. 카자흐스탄의 알마티와 인근 우쉬토베 지역, 그리고 우즈베키스탄의 타슈켄트 남부 지역이 그곳입니다. 제정 러시아 시대부터 유배지로 유명했던 불모의 땅입니다. 예조프가 스탈린에게 제출한 최종 완료 보고서에 따르면 카자흐스탄에 20,170가구 총 95,256명, 우즈베키스탄에 16,272가구 총 76,525명, 모두 171,781명이 강제이주되었다고 합니다.

스탈린 독재의 희생양, 강인한 생명력으로 일궈낸 삶

버려진 한인들의 삶은 비참했습니다. 거주 이전의 자유가 없었고, 배움의 길도 닫혀 있었습니다. 국가기관 취업 등 사회진출의 기회도 주어지지 않았습니다. 주거환경 또한 수용소나 다름없었습니다. 이주 다음 해 7천 명이 사망했습니다. 그다음 해 4,800명이 사망했습니다. 그러나 이주 첫해의 모진 학대와 고생을 이겨내며 농토를 개간하고 볍씨를 심어 대풍작을 이루었습니다. 강인한 생명력으로 3년 만에 자립기반을 닦았던 것입니다.

소비에트 최고의 모범 집단 농장

한인의 집념 덕분에 중앙아시아의 농업은 크게 발전했습니다. 우즈베키스탄의 폴리토젤과 김병화 콜호즈, 카자흐스탄의 크질오르다 아방가르트 소프호즈 등, 소련 전역에서 가장 모범적인 집단 농장을 일궈낸 것입니다. 척박한 땅을 옥토로 바꾼 한인들은 소비에트 농업생산의 주요 축이었습니다.

카자흐스탄의 강제이주 한인들이 일군 크질오르다 지역의 아방가르트 소프호즈. 이곳은 생산왕으로 널리 알려진 노동영웅 김만삼 덕분에 더욱 유명해졌습니다. 농장 안에는 김만삼 회관과 김만삼 거리가 조성되어 있으며 그 외에도 18명의 한인이 노동 영웅 칭호를 받았습니다.

폴리토젤은 농장장 황만금의 노력에 힘입어 발전한 곳입니다. 3만여 개의 소비에트 농장 중 유일하게 관광공사에 등록되었을 정도이며, 농장 안의 푸룬제 제19학교와 이동휘 유아단에서 교육이 이루어진 것으로 유명합니다.

김병화 콜호즈의 김병화는 탁월한 리더십으로 한인은 물론 현지인에게도 존경을 받았습니다. 1940년 농장장이 된 후 쌀과 목화 생산을 혁신하여 레닌 훈장을 두 번이나 받았습니다. 그가 죽자 소련 정부는 북극성 콜호즈를 '김병화 콜호즈'로 바꾸고, 타슈켄트에 '김병화 거리'를 만들었습니다.

물거품이 된 한인들의 꿈

소비에트 체제는 1920년대 말부터 안정기에 접어듭니다. 급속한 공업화와 국방력 강화를 배경으로 1930년대부터는 러시아 민족주의가 대두되었습니다.

집권한 스탈린은 '일국사회주의'를 표방하며 강력한 중앙집권 정책을 실현해 나갔습니다. 민족의식과 정치의식이 높은 한인들은 늘 경계 대상이었습니다. 그에 따라 한인 민족주의자들이 속속 숙청되었으며, 결국 연해주의 한인 전체가 중앙아시아로 강제이주를 하게 되었습니다.

혁명 이후의 한인 무장 투쟁

1917년 러시아 사회주의 혁명이 일어난 후, 한인들은 여러 단체를 결성하여 조직화를 모색합니다. 특히 볼셰비키에 가담한 한인들은 파르티잔 부대를 조직해 일본군에 맞서 싸웠습니다. 이 부대의 위용은 일본군을 공포에 떨게 했습니다.

1922년 10월 일본군이 모두 물러난 뒤, 볼셰비키와 연대하여 한인자치권을 획득하려고 노력하지만, 볼셰비키 극동 정부가 소비에트 연방에 흡수되자 한인 당원은 제각기 뿔뿔이 흩어졌습니다.

연해주로 다시 돌아오다

1993년 4월 1일. 러시아 의회는 비로소 지난 과오를 시인하고 고려인 명예회복을 위한 법안을 채택합니다. 새로이 거주 이전의 자유를 얻은 고려인은 연해주로 가는 길이 열렸습니다. 그러나 연해주로 돌아오는 고려인의 발길이 그다지 가볍지만은 않습니다. 모든 것을 새로이 시작해야 하기 때문입니다. 고려인에겐 힘든 고난의 연속이었습니다. 하지만 그 고난과 죽음을 넘어온 민족이 고려인입니다. 한국의 열차가 시베리아를 횡단할 날도 멀지 않았습니다. 그 강제이주의 역사를 후손들이 되짚어가는 일은 아주 중요한 의미를 지닙니다.

노비의 자식 최재형

최재형을 아십니까. 저는 몰랐습니다. 솔직히 말해 저는 초등학교 때부터 지금까지 정말 최재형을 몰랐습니다. 항일 독립운동사를 배웠지만 최재형이란 이름은 들은 적이 없습니다. 그런데 여기 와서 이제야 알았습니다. 최재형이란 이름 석 자를. 부끄럽지만 저는 지난밤 우수리스크의 '영원의 불' 앞에서 그분을 알게 되었습니다.

최재형! 그는 한인사회의 중심이었고 한인들의 든든한 후원자였습니다. 독립운동의 자금지원은 물론 직접 게릴라전에 참여한 적극적인 투사였습니다. 최재형을 빼놓고 연해주의 독립운동사를 단 한 줄도 쓸 수 없습니다.

최재형의 부친은 노비였고 어머니는 기생출신이었습니다. 9세 때 최재형은 할아버지와 부모, 그리고 형과 함께 두만강을 넘습니다. 함경도 지역에 홍수가 나 살길이 막막했기 때문입니다. 구한말의 현실은 너무나 비참했습니다. 정부는 무능했고 민중은 지방의 관료나 양반권력층에 착취당하고 억압당해 왔습니다. 당시의 농민들은 농노나 다름없었습니다. 더 이상 살 수 없는 지경에 이르자 농민들은 남부여대하여 국경을 넘어 연해주 포시에트로 모여들었습니다.

최재형은 러시아 학교를 다녔습니다. 그러나 형수의 심한 구박으로 11세 때 가출을 합니다. 그는 후덕한 선장부부의 도움을 받아 러시아어와 중국어 등을 배우게 됩니다. 배를 타고 블라디보스토크와 상트페테르부르크를 6년간 왕복하며 여러 나라의 문물을 접하게 되고 외국어에 능통하게 됩니다. 그때 나이가 17세입니다.

그 후 최재형은 극동 지역 러시아군의 통역관과 시베리아 도로 건설의 한인책임자를 맡습니다. 이 경험이 바탕이 되어 군납업으로 큰돈을 법니다. 얼마나 많은 돈을 벌었는지 그를 '동양의 카네기'라 불렀다 합니다. 1880년대 최재형은 러시아에 귀화하여 도헌이란 직책을 맡게 되는데 지금으로 치면 마을의 읍장이나 군수쯤 되는 직책입니다.

이때부터 자신이 쌓은 재산을 쾌척하여 학교를 짓고 한인들을 교육시키는 한편, 내륙의 한인들에겐 소, 돼지, 닭 등을 걸러 군납할 수 있도록 합니다. 또한 해안가 한인들에겐 연어나 물고기를 잡아 극동주둔 러시아군대에 납품하도록 도와줍니다.

당시 한인들은 최재형을 '페치카'라고 불렀다고 하는데, 난로같이 따뜻한 분이란 뜻입니다. 얼마나 존경하고 따랐는지 집집마다 최재형의 초상화가 걸려 있을 정도였다고 합니다.

더 나아가 최재형은 《대동공보》를 인수하여 신문사를 운영합니다. '시일야방성대곡'으로 투옥됐던 장지연이 주필을 맡았습니다. 안중근도 이 신문사에 근무했다고 합니다. 이토 히로부미를 하얼빈에서 처단한 안중근 의사에게 일본인 취조관이 배후를 캐물었으나 오직 자신 혼자서 한 일이라며 자백하지 않았습니다. 그 베일에 가려진 배후인물이 최재형입니다.

1905년 이후 최재형은 적극적으로 항일투쟁에 참여합니다. 안중근 의사는 최재형의 우수리스크 자택에 기거하면서 사격훈련과 더불어 여러 가지 세세한 계획과 준비를 했다고 합니다. 최재형은 '동의회'를 결성하여 항일 무장세력에게 군수물자를 지원하거나 함북 일대에서 일본 국경수비대와 소규모 전투를 벌이기도 합니다. 또한 권업회를 조직하여 항일

운동의 중심축에 서게 됩니다.

최재형은 안중근이 참모중장으로 활약했던 연추의병을 지원하면서 은밀히 국내의 홍범도 부대와 연합하여 접경 지역의 일본군을 큰 혼란에 빠트리곤 했습니다. 의병들의 의식주는 물론 무기까지 지원하면서 의병들과 더불어 일본군과 직접 전투를 벌인 투사가 바로 최재형입니다. 최재형은 안중근 의사의 거사에 깊이 관여했고 실질적인 배후자였습니다. 안중근 의사는 비밀리에 최재형의 집에 기거하면서 사전계획을 치밀히 짰다고 합니다.

1917년 볼셰비키 혁명 이후 최재형은 연해주의 빨치산 운동에 가담합니다. 그는 1920년 4월 일본군의 신한촌 습격사건으로 최후를 마칠 때까지 치열하게 일본군에 저항했습니다. 참고로 빨치산은 파르티잔*, 곧 노동자나 농민들로 조직된 비정규군을 일컫는 말입니다. 유격대와 가까운 의미입

***파르티잔**(partisan) 일본식 발음 'パルチザン(빠루치잔)'에서 유래한 말. 이것이 우리말 빨치산으로 변형되고 공산주의 깃발의 상징 빨간색을 연상시켜 빨갱이란 의미로 파생됨. '파르티잔(partisan)'은 프랑스어의 '파르티(parti)'에서 비롯된 말이며, 당원 · 동지 · 당파 등을 뜻하는 말. 스페인 용어로 게릴라와 같은 의미.

최재형은 안중근 의사의 거사에 깊이 관여한 항일 독립운동가입니다.
당시 한인들은 최재형을 '페치카'라고 불렀다고 하는데,
난로같이 따뜻한 분이란 뜻입니다.

니다. 이것이 빨갱이로 불리게 된 것은 1948년 여순사건과 제주 4·3사건이 계기가 됩니다. 이 과정을 거치면서 좌익 계통을 비하하고 적대감을 조성하는 용어로 표현된 것이 빨갱이입니다. 흔히 조선 인민 유격대라고 부르며, 남부군이나 공비, 공산 게릴라라는 표현도 함께 사용됩니다.

혹자는 최재형을 쿠바의 영웅 체 게바라와 비견합니다. 체 게바라는 쿠바 혁명을 성공시킨 사회주의 혁명가이며 남미 게릴라의 대부입니다. 사실 최재형은 체 게바라보다 한 세기를 먼저 산 사람입니다. 체 게바라가 태어나기 8년 전에 최재형은 일본군에게 총살되었으니까요. 최재형이나 체 게바라나 게릴라전을 전개한 것은 같습니다. 그러나 여러 가지 다른 점이 많습니다.

체 게바라는 자신의 사회적 혁명을 달성하기 위해 피델 카스트로와 손잡고 쿠바 혁명을 달성한 인물입니다. 그는 게릴라전을 벌이는 숲속에서 기자와 만나 자신의 신념을 거침없이 인터뷰할 정도였습니다. 세계는 그에게 열광했고 그는 혁명의 화려한 스타이자 세계인의 우상이었습니다.

그러나 최재형은 고독했습니다. 그는 배우지 못하고 가난했으며 천민출신이었습니다. 체 게바라는 의과대학을 졸업

하고 자신의 꿈을 위해 세계 여행을 했으나 최재형은 생존을 위해 수부 생활을 하며 블리디보스토크에서 먼 상트페테르부르크까지 여행해야 했습니다.

체 게바라는 게릴라 생활을 하면서도 시를 썼으며 언제나 입에 시가를 물었습니다. 어쩌면 그는 죽음을 초월할 정도의 로맨티스트였는지도 모릅니다. 그가 태어난 조국 아르헨티나는 타국에 점령된 적이 없습니다. 그에게는 차라리 조국이란 이름 자체가 거추장스러웠는지도 모릅니다. 그는 개인적인 신념에 투철한 사람이었고 몽상가였습니다.

사실 그의 국적은 공산주의 혁명 그 자체였습니다. 그의 국적은 쿠바든 볼리비아든 아프리카의 콩고든 그 어디든 좋았습니다. 그리하여 혁명이 완성되면 지체 없이 신천지를 향해 떠났고 거기서 사회주의 혁명을 위해 싸웠습니다. 그를 천대하거나 억압하거나 그를 구속하는 국가는 존재하지 않았습니다. 어찌 보면 그는 자유인이었습니다. 그는 언제나 자신의 이상을 향해 나아갔습니다.

그런데 최재형은 어떻습니까. 그에겐 무능하고 부패한 양반관료층과 힘 한 번 못 쓰고 나라의 주권을 일본제국에 넘겨준 무력한 왕이 있을 뿐이었습니다. 그와 그의 겨레인 한

최재형의 옛집.

인들은 버림받은 유민流民으로 이국을 정처 없이 떠돌아다녀야 했습니다. 오직 그에겐 멸시와 천대와 굶주림만이 있을 뿐이었습니다.

최재형에게 조국은 양반층만이 누리는 권세의 나라가 아니었습니다. 그의 조국은 핍박받는 민중의 이름 그 자체였습니다. 그 민중을 살리기 위해 최재형은 싸우고 또 싸웠습니다. 그는 민중의 무지함을 깨치기 위해 학교를 세웠고, 한인의 항일투쟁을 세계에 널리 알리기 위해 신문을 만들었습니다. 겨레의 적을 처단하기 위해 비밀리에 결사를 했고, 돈을 벌어 자금을 마련했습니다.

체 게바라와는 공통점도 있지만 다른 점도 있습니다. 체 게바라는 개인의 이상실현을 위해 자신의 몸과 영혼을 바친 사람입니다. 그와 반대로 최재형은 개인을 버린, 아니 몸과 영혼을 희생한 사람이었습니다. 그에겐 고통받는 겨레가 있을 뿐이었습니다. 그의 몸과 영혼은 오직 겨레와 함께였습니다. 체 게바라가 남미 혁명의 대부이듯이 최재형은 연해주 독립운동의 대부였습니다.

우리는 고려인문화센터에서 그리 멀지 않은 최재형의 옛집으로 갔습니다. 그러나 문이 굳게 닫혀 들어갈 수 없었습니다. 큰 창문이 여섯 개가 나 있는 단아한 단층집 건물이었습니다. 그 건너편엔 최재형이 관여한 전로한족중앙총회가 결성되었던 건물이 자리하고 있고, 옛집 벽엔 연해주의 대표적 독립운동가 최재형의 집이라는 스테인리스 안내판이 높게 걸려 있습니다.

담장으로 죽 둘러쳐진 건물은 100년이 지나 퇴락한 모습입니다. 허물어진 담장 너머로 뒤란의 안쪽을 엿보았습니다. 울타리 안은 고적하고 쓸쓸했습니다. 쑥대풀이 웃자라 황폐했습니다. 담장 밑으론 엉겅퀴와 이름 모르는 꽃들이 피어 있었고 그중 키가 큰, 붉은 꽃이 외롭고 눈부셔 보였습니다. 그 의연함과 붉음이 마치 최재형의 단심丹心인 양 처연했습니다.

우린 오래오래 최재형을 외면해왔습니다. 그늘에 가려진 애국지사의 집을 나 몰라라 했습니다. 그는 빨치산 경력으로 묻힌 인물이었습니다. 생전의 그의 자취는 그의 죽음처럼 아직도 비밀스럽고 미궁 속에 잠겨 있습니다.

그의 가족은 매해 최재형이 죽은 날이 오면 그가 총살당한 장소인 우수리스크의 황량한 언덕으로 간다고 합니다. 그리고 자식은 아버지 이름을, 손자는 할아버지 이름을 목 놓아 부른다고 합니다. 최재형의 시신을 찾지 못했기 때문입니다. 최재형은 공산주의자도 러시아인도 조선인도 아니었습니다.

최재형은 그냥 까레이스키, 고려인일 뿐이었습니다.

2016년 대한민국 정부는 그의 손자 최발렌친에게 대한민국 국적을 부여했습니다. 아직도 저 문 안쪽엔 고요한 침묵만이 감돕니다. 아마도 최재형과 그의 가족의 마지막 이별장면이 정지된 화면으로 남아 있을지도 모릅니다.

'4월 참변' 때 집을 떠나면서 마지막으로 최재형이 걱정한 것은 가족의 무사안위였습니다. 최재형의 그 인간적인 고뇌가 제 가슴속으로 밀물처럼 밀려옵니다.

2019년 3월 28일 최재형 선생의 옛집이 독립운동기념관으로 새 단장되어 문을 열었습니다. 참으로 반가운 소식입니다. 나라를 위해 목숨을 바치신 애국열사를 국가가 국민의 이름으로 영원히 받들어 모신다는 일은 지극히 당연합니다. 지나온 그 뼈아픈 역사를 우린 한시도 잊어선 안 되기 때문입니다.

저는 아무개입니다 스파시바

어젯밤 우린 바다를 향해 무조건 걸었습니다. 우수리스크의 밤은 그만큼 우리를 매혹시켰습니다. 그 밤길에서 우린 블라디보스토크에서 오는 바다냄새를 맡았습니다.

마이크를 잡은 50대 인솔자가 자기소개를 하는 중에 자기 아내는 러시아 사람이고 젊다고 했습니다. 나이가 열서넛 차이가 난다며 은근히 자랑을 하기에 우린 그분의 능력에 박수를 쳐주었습니다. 물론 진심을 담아서요. 그때 누군가 사진을 보여달라고 졸랐습니다.(아니, 조르지 않았을지도 모릅니다. 기억이 희미하군요.) 그러자 그가 지갑 속에서 사진 한 장을 꺼내 높이 쳐들었습니다. 아 미인입니다. 사진은 잘 보이지 않았지만 한 러시아 여인이 환하게 웃고 있는 느낌은 확실히 받았습니다.

우린 아무 이야기나 즐거웠고, 웃었고, 가슴이 부풀어 있었습니다. 그만큼 블라디보스토크는 꿈같은 도시니까요. 버스가 들판 가운데를 달리고 있을 때 장년의 한 분이 일어나 자기소개를 하며 서로 인사를 나누자고 했습니다. 조민행 변호사입니다. 선한 인상에 지적이고 예의가 바른 분인데 시베리아 횡단을 여러 번 했다고 합니다.《바이칼 호수로 가는 길》이란 여행에세이를 낸 장본인입니다. 행정, 사법 양 고시에 합격한 수재로 현재 변호사 일을 하고 있는데 문학에도 관심이 많습니다. 나중에 이분과 안도현 시인, 이규영 박사, 이상엽 사진작가 네 분이 짝을 이루어 횡단열차에서 한 방을 썼습니다.

모두들 간단히 자기소개를 했습니다. 제가 느낀 대로 정리하면 이렇습니다. 안도현 시인은 너무나 유명한 분이어서 꼭 만나고 싶었습니다. 그런데 참 소박하고 겸손했습니다. 저는 그의 시는 물론이고 동화《연어》를 아주 감명 깊게 읽었습니다. 그 책은 밀리언스테디셀러로 지금도 널리 읽히고 있습니다. 또 그의 청소년 소설《짜장면》도 얼마나 재미있는지 단숨에 읽은 기억이 납니다. 문재文才를 타고난 분입니다. 저는 그의 시집《북항》을 가지고 왔습니다. 안도현 시인의 친필 사인도 있군요. 안도현 시인에게 물어보니 초판 몇 십 부를 사인한 기억이 있다고 합니다. 그러니까 제가 시집이 나오자마자 구입한 셈입니다.

이규영 박사는 러시아에서 공부한 분이고 이 여행이 끝나는 날 모스크바로 간다고 합니다. 해박한 지식과 인간성 좋은 호인입니다. 그리고 사진작가 이상엽 님은 조각처럼 잘생긴 분인데 말수가 적고 사진만 조용히 찍었습니다. 지금 제주도에 사시는데 '삼달다방'이라는 카페를 운영하고 있습니다. 이분은 서울장애인인권위원회 위원장으로 활동하고 있습니다.

인솔자 채지연 님과 그니의 엄마인 '빨간 머리 앤'과 앤의 영원한 시종인 머리 짧게 깎은 건장하고 순한 남자. 참으로 행복한 풍경입니다. 저는 이 순한 남자가 어떻게 앤 부인을 사로잡았을지 무척 궁금해졌습니다. 여행 중에 그걸 물었더니 그냥 좋았다는 답이 돌아왔습니다. 그리고 경상도 싸나이들. 나중에 제가 삼총사라 이름 붙인 회사 대표님들과 교수님. 이들은 시원한 경상도 사투리를 구사하여 일행들을 즐겁게 했습니다. '경상도 싸나이'들은 아마도 오랜 친구인 듯했습니다.

이에 질세라 '경상도 싸나이들'에 대항하여 '여류 삼총사'가 자연스레 결성되었는데 이분들은 요정이나 다름없어서 우리들에게 밝은 웃음과 노래로 늘 즐거움을 선사하곤 했습니다. 그렇습니다. Y담도 곧잘 하시는 목사님 두 분을 빼놓을 수는 없습니다. 이분들은 앞서거니 뒤서거니 늘 조용히 함께 다녔습니다. 우리가 일상 대하는 근엄한 목사님의 이미지하고는 어딘가 달라 보였고 겸손하고 소탈해 보였습니다. 나중에 헤어질 때 꼭 자기들 교회에 들러달라는 당부를 잊지 않은 분들이었습니다.

그리고 변중길 님. 저는 이분을 '사또'라 부릅니다. 짐작이 가시겠지요? 변사또. 춘천 분인데 호방한 성격에 마음 씀이 아주 넉넉한 분입니다. 그렇다고 춘향전의 변사또를 상상하면 곤란합니다. 저의 제자 허영과 가까운 사이인데 시원한 외모에 다정함이 몸에 익은 분입니다. 친절하고 붙임성 있는 청아한 말씨가 듣는 이를 아주 즐겁게 합니다. 이분과 몇 번 대화를 나누다 보면 모두 다 이분의 친구가 됩니다. 이분의 부인은 조용한 성품의 미인으로 언제나 미소를 잃지 않습니다. 아마 전생을 믿는다면 이분은 춘향이었을 것이 틀림없다는 생각이 듭니다. 하지만 지금 춘향가 판소리하고는 전혀 반대의 스토리를 가지고 있는 분들입니다. 생이 바뀌어서, 춘향이는 난봉꾼 이도령보다 유쾌하고 너그러운 일편단심 변사또가 더 좋았던 모양입니다.

아, 예슬이와 예슬이 엄마 김미경 님. 저는 예슬이 엄마 김미경 님을 몇 년 전부터 알고 있습니다. 의류업을 하다가 현재 카페를 운영하고 있다는데 대단한 여장부입니다. 마음결이 따뜻하고 정의롭고 당당한 분입니다. 불의를 결코 용서하지 않습니다. 정치적으로 진보적인 편입니다. 그녀는 자신의 딸 예슬이를 데리고 곧잘 여행을 한다고 합니다. 딸이 좀 더 많은 세상을 접했으면 해서랍니다. 볼펜과 공책을 가지고 다니면서 뭔가를 메모하는 스물네 살의 예슬이는 어리고 순수한 소녀입니다.

이 사람들을 저는 유랑인이라 부릅니다. 이 사람들이 가지 못할 곳은 아무 데도 없습니다. 이 사람들은 인형극단을 이끌고 미국 뉴욕에도 가고, 영국이며 독일이며 프랑스에도 가고, 박지원의 열하일기를 따라 유랑의 길을 떠나기도 합니다. 북한이 건너다보이는 압록강 단둥에선 가물거리는 북한의 산하를 바라보기도 하고, 백두산 천지에 올라 한 편의 동화를 만들기도 합니다. 국내에선 울릉도 흑산도를 비롯해 유명하단 섬은 다 다닙니다. 사람이 있는 곳이면 산간 계곡 어디든 기꺼이 찾아갑니다. 이들이 바로 신영우, 박성호 부부입니다. 신영우 님은 꿈동이 인형극단 단장이고, 박성호는 문화기획자이면서 동화작가입니다. 꿈동이 인형극단은 춘천에서 유일하게 활동하는 전문 인형극단입니다.

그리고 이제 마지막으로 이 책의 사진작가 허영을 이야기하지 않을 수 없습니다. 허영, 이 사람. 이 사람은 고등학교 때 〈파란 자전거〉 연극 반원이었습니다. 쾌활하고 늘 웃는 낯인데 그 맑음이 심산深山의 샘물 같은 사람입니다. 저는 허영이 연극 연습하는 곳을 이따금 들러보곤 했는데 그때 연극지도 교사가 이일규, 김묵환 선생이었습니다. 심부름도 잘하는 막내로, 웃으면 보조개가 펴 〈파란 자전거〉의 예쁜 향단이로 통했습니다. 그런 그가 공부는 언제 했다는 것인지 고려대학교 사회학과에 떡하니 입학하더니 나중엔 고려대 총학생회장이 되었습니다. 1980년대 말 민주화 시위에 앞장서다 붙잡혀 가, 두 평짜리 감방에 갇혀 오랜 시간 고초를 겪었습니다. 김근태 의원 비서관, 최문순 강원도지사 비서실장과 박원순 서울시장 비서실장을 지냈습니다.

언제나 싹싹하고 겸손한 그에게 저는 한 가지 제의를 했습니다. 여행 중에 모든 걸 자네의 눈으로 카메라에 담게. 난 시베리아를 보고, 듣고, 생각하고, 그걸 쓰겠네. 자네의 눈과 내 생각이 맞아떨어지면 그걸 함께 엮어보면 어떻겠나? 재미있겠지?

버스가 아무르만을 지나고 있을 때 자기소개가 다 끝났습니다. 조 변호사가 다시금 마이크를 잡으며 블라디보스토크에 거의 다 와 간다고 말해주었습니다. 그리고 "수고 많으셨습니다" 그러면서 갑자기 그는 우리를 향해 소리쳤습니다.

"스파시바!"

아니 점잖은 분께서 이 무슨 해괴한 쌍욕을? 하지만 그 말은 러시아 말로 '감사합니다'란 뜻이라고 합니다. '스파시바' 듣기엔 좀 거북하긴 해도 말하는 이의 입장에선 왠지 시원한 느낌을 감출 수는 없습니다. 그 후 시베리아 횡단열차 안에선 스파시바가 자주 울려 퍼졌습니다. 잔을 부딪쳐 건배할 때 스파시바를 목청껏 외쳐댔기 때문입니다.

신한촌엔 고려인이 없었습니다

우린 12시 30분에 블라디보스토크 한식당에 도착하여 명태찌개를 맛있게 먹고 곧바로 신한촌新韓村으로 향했습니다. 신한촌은 블라디보스토크 중심가에서 벗어난 때문인지 한적한 시골마을 같았습니다. 우린 신한촌 기념비가 있는 곳으로 갔습니다. 주변엔 5층짜리 아파트촌이 빙 둘러 자리 잡고 있었습니다.

기념비는 1999년 80주년 광복절을 맞아 사단법인 해외민족연구소가 세운 것입니다. 화강암 재질의 기둥 세 개와 여덟 개의 작은 돌로 구성되어 있습니다. 하얀 화강암은 우리나라 어디서나 볼 수 있는 것인데 그 흰빛이 순백의 한겨레를 상징한다고 합니다.

신한촌엔 현재 뻬르바야 레치카역驛 바로 옆으로 시장이 들어서 있고, 하바롭스크 거리로 '신한촌 기념비'가 서 있습니다. 빼르바야역 또한 고려인들이 시베리아 화물차를 타고 중앙아시아로 떠났던 곳입니다. 신한촌 끝부분에 있는 기차역인데 오스뜨레꼬바 거리에 위치하고 있습니다. 1918년 이후 이 역 부근에 일본군 병영이 주둔해 있었습니다. 일본군들은 1920년 4월 신한촌을 급습하여 한인(고려인) 300여 명을 학살합니다.

하바롭스크 거리와 맞닿은 아무르 거리엔 이동휘 선생의 집터 자리가 있는데 그곳에 '엘레나'라는 이름의 상점이 들어서 있습니다. 지금은 남아 있지 않지만 3·1만세운동을 기념하여 세운 독립문 터 자리도 있습니다. 그 옆으로 권업회와 한민학교 자리가 있었다지만 어느 것 하나 흔적조차 찾을 수 없었습니다.

20여만 명이 살았다는 한인촌의 고려인은 거리 어디에서도 발견되지 않았습니다. 한인촌 기념비를 관리하는 고려인 3세가 제가 본 유일한 고려인이라 할 수 있습니다. 그는 사무실 의자에 정물처럼 조용히 앉아 있을 뿐 아무 말도 하지 않았습니다. 대체 신한촌의 고려인들은 모두 어디로 사라진 것일까요?

1863년 블라디보스토크와 인접한 함경북도에서 연해주

노브고로드Novgorod만灣 작은 마을로 13호 농가가 이주합니다. 그 후 점차 한인의 수가 늘어나자 시 행정청은 시 외곽의 세묘놉스크 지역으로 한인과 중국인을 강제로 이주시킵니다. 한인 개척민 판자촌 마을에 전염병이 돈다는 것이 이유였습니다.

한인들은 다시 시 당국이 배정한 토지에 새로운 정착촌을 건설합니다. 구개척리로부터 북쪽으로 2km 떨어진 곳입니다. 비교적 높은 구릉이어서 아무르만을 굽어보는 곳에 위치해 있습니다. 그로부터 이곳을 신한촌이라 불렀고 20만 명의 인구로 성장하게 됩니다. 자연히 신한촌은 연해주 항일독립운동의 중심근거지가 됩니다.

1910년대 초기 가장 두드러진 한인 활동은 권업회勸業會였습니다. 표면적으론 농상공업 권장을 통한 한인사회의 정치적 지위향상을 내걸었습니다. 하지만 저변엔 조국독립을 위한 계몽 활동과 민족주의 교육을 최고이념으로 삼았습니다. 초대회장이 최재형이었고, 그는 자금을 조달하고 조직을 총괄하는 일을 맡았습니다.

1914년엔 신한촌에 대한광복군 정부를 조직합니다. 이상설과 이동휘를 정·부통령으로 각각 선출하고 강력한 항쟁에 돌입합니다. 상해임시정부보다 5년이나 앞선 최초의 정부였습니다. 또한, 최재형은 신한촌 중심지에 한민학교韓民學校를 설립하고 민족주의 교육에 힘썼습니다. 한민학교는 연해주 민족교육의 총본산이었습니다.

그렇게 한인들의 활동이 활발해지고 일본에 대한 저항이 거세지자 일본군은 자국민을 보호한다는 명분으로 신한촌을 습격하여 한민학교를 불태우고 한인을 무차별 살상합니다. 이때부터 신한촌은 쇠락해지고 독립 운동가들은 활동근거지를 상해나 만주 용정으로 옮깁니다. 그 후 1937년 스탈린 정권의 강제이주 정책으로 고려인들은 신한촌에서 완전히 사라지게 됩니다.

저는 세 개의 화강암 기념비를 쳐다보며 무언가를 공책에 적고 있는 예슬이를 보았습니다. 그때 예슬이가 엄마에게 말합니다.

"볼펜이 안 나와요."

엄마는 볼펜을 받아 하늘을 향해 몇 번 흔들어보더니, 볼펜을 건네어주며 말합니다.

"자 됐다, 이제 잘 나올 거야."

정말 볼펜이 잘 써지는지 예슬이는 열심히 무언가를 적는 모습이었습니다.

신한촌 기념비.
하얀 화강암은 우리나라 어디서나 볼 수 있는 것인데
그 흰빛이 순백의 한겨레를 상징한다고 합니다.

두 모녀 옆에는 버려진 초록 자동차가 있었습니다. 저는 이 모녀가 그 자동차를 타고 구름 저쪽 어딘가로 날아갈 것만 같았습니다. 세상 어디든 다닐 수 있는 '날아다니는 초록 자동차'. 저는 그 상상 하나만으로도 아주 즐거웠습니다. 예슬인 공책에 무엇을 적어놓았을까요? 고려인들이 어서 돌아오기를 간절히 바라는 어떤 희망의 메시지는 아니었을까요?

블라디보스토크

블라디보스토크. '동방을 지배하라'라는 뜻의 이 이름은 시베리아 횡단철도가 놓이게 된 가장 큰 이유이기도 합니다. 제2의 아편전쟁이라 부르는 애로호Arrow 사건으로 청은 연해주를 러시아에 내줍니다.

1856년 광둥항廣東港에 정박 중인 애로호의 선원을 청의 관헌이 해적 용의자로 체포한 사건이 있었습니다. 애로호는 중국인 소유의 밀수선인데 청의 단속을 피하기 위해 영국기를 달고 다녔습니다. 청의 관헌이 게양된 영국 국기를 내리게 한 것은 국가 모독이라는 이유로 영국은 청의 국제법 위반을 주장합니다. 영국은 프랑스에게 공동 출병을 제안합니다. 때마침 프랑스는 프랑스 선교사 피살을 문제 삼아 출병에 동의하여 광둥과 톈진을 점령합니다. 이 사건으로 1858년 톈진조약이 체결됩니다. 그러나 그 후, 1860년 톈진조약에 만족하지 못한 영국·프랑스 연합군은 베이징으로 다시 진군하여 황제를 위협하고 청과 영국, 프랑스, 러시아가 베이징北京 조약을 맺게 됩니다.

이때 러시아는 청과 영국·프랑스 간의 강화를 알선한 대가로 연해주를 요구하게 되고 청은 이를 받아들입니다. 이것이 연해주가 러시아의 영토가 된 과정입니다. 사실 러시아는 코도 안 풀고 넙죽 극동 연해주의 대지를 손아귀에 넣은 셈이 되었습니다. 러시아는 그로부터 극동진출에 공을 들이기 시작합니다.

시베리아 횡단열차는 1891년에 착공하여 1916년 개통되기까지 25년이란 세월이 걸렸습니다. 블라디보스토크에서 모스크바까지 길이는 9,288km입니다. 직통노선으로 세계에서 가장 길고, 가장 험준한 산악과 강과 계곡, 그리고 평야를 지나야 합니다. 지금은 전철화되어 7일이면 모스크바에 닿을 수 있지만 초기엔 증기기관차가 끄는 열차여서 매우 느렸습니다. 게다가 사고가 잦아 시속이 20km를 넘지 못했다고 합니다. 어느 지점에선 시속 2.1km의 걸음마로 기어갈 정도였습니다. 고려인들의 강제이주 때, 블라디보스토크에서 중앙아시아로 연결되는 중심역 노보시비르스크까지 닿는 데 꼬박 40여 일이 걸린 것은 그런 이유 때문이었습니다.

모스크바와 블라디보스토크는 러시아의 양 축입니다. 지정학적으로나 군사요충지로나 블라디보스토크는 아주 중요한 위치를 점하고 있습니다. 1851년 블라디보스토크가 러시아 사람에게 발견되었을 때 블라디보스토크는 만灣을 낀 작은 어촌이었습니다. 160년이 지난 지금의 블라디보스토크는 60만 인구의 도시로 성장했습니다.

미국의 여행가 론리 플래닛은 첫 인상을 이렇게 표현했습니다. '러시아의 샌프란시스코'. 아마도 만을 끼고 있는 것이 같을 뿐만 아니라 샌프란시스코가 미국의 서쪽 끝에 있듯이 블라디보스토크도 러시아의 동쪽 끝에 있기 때문입니다. 또한 샌프란시스코의 '금문교gold gate bridge'와 블라디보스토크의 '금각교'가 만을 가로지르는 것도 아주 흡사합니다.

독수리전망대

그렇습니다. 블라디보스토크에 오면 독수리전망대를 찾아야 합니다. 블라디보스토크엔 '독수리 둥지'라는 뜻의 오들리노예 그네즈도산Orlinoye Gnezdo Mt.이 있습니다. 해발 214m인 산인데 블라디보스토크에서 가장 높은 곳입니다. 해발 265m인 서울의 남산과 아주 비슷합니다. 다른 점이 있다면 남산은 숲이 울창한 데 비해 오들리노예 그네즈도산은 숲이

없는 민둥산입니다.

이곳에서 바라보는 블라디보스토크 시내 야경은 동화처럼 아름답습니다. 저희가 산—아마 언덕에 오른다고 해야 옳을 것 같습니다—을 오를 때는 부슬비가 뿌렸습니다. 저희는 정교회 사원을 들러 독수리전망대로 가는 지름길을 택해 올랐습니다. 하늘은 검은 구름이 덮여 있었습니다. 시야는 맑지 않았습니다. 부드러운 비가 안개처럼 내렸습니다. 저휜 우산도 없이 쉬엄쉬엄 걸었습니다. 골든 혼Golden Horn과 아무르스키, 우스리스키만, 그리고 러시아 섬을 조망할 수 있다는 전망대를 향해 느린 걸음으로 20여 분쯤 올랐을 때, 드디어 비안개로 잔뜩 흐린 금각교가 나타났습니다.

다리 위를 자동차들이 쉼 없이 넘나드는 모습이 보입니다. 딱정벌레 같은 자동차 행렬이 줄을 지어서 가고 옵니다. 블라디보스토크에서 루스키섬을 연결하는 3.1km의 다리인데, 2012년 APEC 정상 회의를 위해 건설했다고 하는군요.

이 독수리전망대에서는 다리 저쪽 섬들과 만과 블라디보스토크 시내가 한눈에 조망되지만, 날이 흐린 탓에 시야는 온통 회색빛으로 채색되어 있습니다. 우리나라 남산이 서울 전체를 조망할 수 있는 곳이듯 독수리전망대도 블라디보스토크를 한눈에 바라볼 수 있는 최적의 곳입니다.

날이 맑으면 남산에서 인천 앞바다가 보이는데, 이 독수리 전망대에선 어쩌면 두만강의 흐름이 한눈에 잡힐지도 모를 일입니다. 반짝이는 실뱀처럼 그렇게 아련히. 물론 제 터무니없는 상상이긴 합니다만.

독수리전망대엔 키릴문자를 고안한 키릴 형제의 동상이 서 있습니다. 러시아어 모체가 키릴문자입니다. 키릴루스 형제는 동로마제국의 선교사였습니다. 그리스 문자를 바탕으로 새로운 문자를 만들어 성서를 슬라브어로 번역했다고 합니다. 이 문자는 이후 형제의 이름을 딴 키릴 문자로 발전했습니다. 러시아와 발칸반도 일대에서 표준문자로 사용하고 있습니다.

러시아어는 기능에 따라 단어의 의미가 다양하게 변화합니다. 어휘가 풍부하고 문장이 유려한 것이 특징입니다. 러시아 문학이 세계문학의 중심에 우뚝 선 것도 그런 이유 때문인 듯싶습니다.

비가 부슬부슬 내려도 일행들은 여유를 부리며 사진을 찍느라 여념이 없습니다. 사진 찍는 전망대 난간에 포도송이처럼 주렁주렁 달린 자물쇠가 무거워 보입니다. 젊은 연인들의

군센 맹세가 부슬부슬 안개비를 맞고 있습니다. 전망대 계단 아래쪽 기념품 가게 앞엔 마트료시카 풍선인형이 바람에 흔들립니다.

'비가 오네요, 어서 안으로 들어오세요.' 그렇게 눈짓을 하는 듯합니다. 우린 계단을 내려가 가게 안으로 들어갔습니다. 가게 안은 마트료시카 인형으로 가득합니다. 물론 보드카잔도 있고, 스노볼이나 마그네틱도 있습니다. 하지만 러시아 특산품인 마트료시카 인형이 주요 상품으로 진열되어 있습니다.

러시아 예술인들이 사는 마을에 '마트료나'라는 아가씨가 있었는데, 그 아가씨의 뺨이 장밋빛처럼 붉어 많은 예술인의 사랑을 한 몸에 받았다고 합니다. 그런 사연으로 목각인형 이름을 '마트료시카'로 불렀다는 이야기입니다.

또 하나는, 다산과 풍요, 비옥함의 상징인 '마티мать'에서 유래했다는 설입니다. 마티는 러시아어로 '어머니'라는 뜻이라네요. 가게주인인 듯한 분이 마트료시카 인형을 줄줄이 빼냈다가 줄줄이 한데 집어넣는 모습이 아주 재빠릅니다. 순식간에 벌어지는 마트료시카 마술 앞에서 여행객들이 연신 감탄사를 발합니다. 주르르르 펼쳐져 나왔다가 주르르르 한 몸으로 들어가는 그 장면은 어쩐지 마티라는 풍요의 어머니가 거느린 대가족을 연상시킵니다.

밖으로 나오니 푸니쿨라 승강장이 근처에 있는 걸 알았습니다. 푸니쿨라는 산악 기차를 말합니다. 강삭기차라고도 부릅니다. 밧줄의 힘으로 궤도를 오르내리는 교통수단입니다. 자체적으로 엔진이 달려 있지 않습니다. 최대 경사도 46도까지 오르내릴 수 있다고 합니다.

푸니쿨라를 타면 단 몇 분에 내려갈 수 있습니다. 요금도 그다지 비싸지 않습니다. 하지만 인솔자는 천천히 올라왔던 길을 앞장 서 내려가고 있습니다. 다행히 비가 그쳤습니다. 하늘 군데군데로 파란색 거울이 나타나고 있습니다. 우린 인솔자를 따라 묵묵히 발걸음을 재촉했습니다.

아르세니예프 박물관

우린 한밤중에 시베리아 열차에 탑승해야 하기 때문에 짧은 시간 동안 블라디보스토크의 중요한 곳만 둘러보기로 했습니다. 그래서 광장에서 가까운 아르세니예프 박물관을 먼저 들르기로 했습니다. 아르세니예프란 말을 듣고 저는 내심 러시아 노벨문학상 수상작가인 이반 부닌의 자전소설《아르세니예프의 생》을 떠올렸는데, 박물관 명칭은 유명한 여행탐

험가이며 현지조사가인 아르세니예프Arsenyev의 이름에서 따왔다고 합니다.

연해주 지방에서 가장 오래된 박물관으로 1890년에 개관했습니다. 블라디보스토크 중앙 광장 건너편에 있고, 붉은 벽돌로 지은 건물입니다. 자연과 생태환경, 동식물 표본, 민속학, 고고학, 역사, 예술 등에 관한 사료 20만여 점이 소장되어 있다고 합니다. 고대부터 현대까지 프리모르스키 지역의 역사가 총망라되어 있는 곳입니다.

이곳에 거주했던 소수민족의 유물과 역사도 함께 전시되어 있습니다. 발해 관련 유물뿐만 아니라, 3층엔 우리 고려인들의 생활사 자료사진이 전시되어 있다는데 박물관 사정으로 그쪽은 문을 닫아 볼 수가 없었습니다. 정말 아쉬운 일입니다.

저는 선사시대 연해주 지역에 살았던 맘모스의 거대한 뼈를 보았습니다. 4m 길이의 어금니를 가진 이 산더미만 한 맘모스가 울음을 울면 프리모르스키 바다가 뒤집힐 수도 있었겠다는 상상을 하면서.

480만 년 전부터 이 지구상에서 주인노릇을 한 거대한 포유류. 혹독한 추위를 견디기 위해 온몸이 털투성이인 이 동물이 마지막 빙하기를 이겨내지 못하고 불과 10만 년 전에 멸종했다는 것은 참으로 불가사의한 일입니다. 만약 그 맘모스가 생존해 있었다면 지구의 생태계는 과연 어떤 모습으로 우리 앞에 놓여 있을까요? 우스갯소리로 인간은 아마 맘모스 축제를 만들어놓고, 각종 맘모스 고기 요리 경연대회를 열지도 모릅니다. 이건 어디까지나 가정假定이자 공상일 뿐이지만요.

저는 생전 듣도 보도 못한 바닷물고기와 천년을 산다는 거북이도 만났습니다. 해안 기슭에 나와 빤히 저를 쳐다보고 있는 모습이 장난이라도 치자고 하는 듯했습니다. 바닷새들과 조개류, 거대한 불가사리들…. 아, 족제비도 있군요. 한국의 산기슭에서 늘 보아오던 족제비를 보니 참으로 반가웠습니다. 요즘엔 사향고양이똥 커피인 코피 루왁kopi luwak이 너무 희귀하고 고가여서 베트남에선 족제비똥 커피를 생산해 판매한다고 합니다. 인간의 취향은 나날이 별스러워진다는 느낌입니다.

나뭇가지 사이로 멋지게 비행하는 날다람쥐의 모습은 비록 표본이지만 멋진 1급 비행사로 추켜세워도 모자람이 없을 지경입니다. 이 지역에서 발굴된 석기유물들은 우리나라의 석기유물과 별 차이가 없었습니다. 그 당시에도 교류를 했는지는 모르지만 어찌 그리 흡사한 연장의 형태인지 감탄을 자아내게 합니다. 제 생각엔 인류는 수천수만 년을 이동하면서 생존을 이어갔기 때문에 연장이나 그릇, 활촉, 도끼 등이 거의 비슷한 형태가 될 수밖에 없었다고 생각합니다.

여진족의 복식은 단순하나 그 색이 선명했고 아름다웠습니다. 그들이 수놓은 자수는 우리 여인네들이 수놓던 자수와 어쩐지 서로 맞닿아 있다는 느낌을 받았습니다. 러시아의 찻주전자 사모바르, 재봉틀, 간호사의 흰옷과 빨간 적십자 표시, 두꺼운 러시아 군복 등은 영화 〈전쟁과 평화〉 한 편을 보는 느낌이었습니다.

그러나 무엇보다도 제 시선을 끈 것은 석관石棺입니다. 우수리스크 인근에서 발굴한 것인데 발해의 무덤으로 추정한다고 합니다. 어떤 학자의 의견으로는 귀족의 무덤이라고 합니다. 이런 석관들이 이 벌판에 얼마나 묻혀 있는지는 알 수 없습니다. 그 주변을 발굴하다 보면 더 많은 석관이 발굴될지도 모릅니다. 왕의 석관과 귀족의 석관에 함께 묻힌 부장품들…. 어쩌면, 아 그렇습니다, 거대한 엘도라도의 황금 궁전이 깊은 잠에서 깨어날지도 모를 일입니다. 지난 역사란 상상 속에서 찾아지고 상상 속에서 그 의미를 더하는 법입니다. 우린 보물섬을 찾아 떠나는 소년들처럼 설렐 필요가 있습니다. 과거의 흔적은 또 다른 발견이자 창조이니까요.

특히 제 관심을 끈 것은 아무르 표범과 시베리아 호랑이, 그리고 곰이었습니다. 이 동물들은 이제 멸종위기에 처해 있습니다. 삼림이 파괴되어 서식지를 잃어가고, 남획으로 개체수가 급격히 줄어들고 있기 때문입니다.

해양공원

우린 아르세니예프 박물관을 나와 해안 쪽으로 걸어갔습니다. 햇살이 따가워 그늘을 찾아 잠시 땀을 식혀야 했습니다. 땀을 식히는 중 언뜻 '네모반듯한 정사각형의 개선문'을 발견했습니다. '흐람'이라는 작은 정교회 앞에 있는데, 혁명광장에서 그리 멀지 않은 곳에 있었습니다.

둘 다 커 보이지 않았습니다. 정교회도, 개선문도. 참으로 아담하고 단아한 건축물입니다. 금빛 지붕을 한 '흐람'은 '영원의 불꽃' 광장에서도 뚜렷이 잘 보입니다. 특별한 예배는 없고, 지나다가 잠시 들러 기도하는 장소라는데 우리의 시골교회 같은 곳입니다.

개선문은 흰 바탕에 복숭아핑크와 하늘색 마름모꼴 무늬가 조화를 이루어 산뜻한 느낌을 줍니다. 네 면 중앙에 그리

금빛 지붕을 한 흐람.

이 개선문은 1891년 러시아의 황태자 니콜라이 2세가
시베리아 횡단철도 착공식에 참석하기 위해
이곳을 방문한 기념으로 세운 것입니다.

스도와 성모 마리아 여러 성인들의 그림이 각각 그려져 있고, 마름모꼴 무늬가 지붕을 이룬 첨탑엔 로마노프 왕조의 문장紋章이 날아갈 듯이 하늘을 찌르며 서 있습니다. 개선문이라 하지만 파리의 개선문처럼 군사들이 위풍당당 통과하는 그런 문이 아닙니다. 마치 동화처럼 여기저기에서 요정들이 깜짝 깜짝 나타나 까르르 뛰어놀 것만 같은 그런 문입니다.

꿈동이 단장 신영우 님은 이 개선문이 마냥 좋았던 모양입니다. 네 개의 문을 요리조리 통과하면서 숨는 시늉도 하고 불쑥 얼굴을 내밀어 웃기도 하는 것이 신나는 장난감나라에 온 듯 재밌어합니다. 역시 인형극의 달인이 맞는 것 같습니다.

이 개선문은 1891년 러시아의 황태자 니콜라이 2세가 시베리아 횡단철도 착공식에 참석하려고 이곳을 방문한 기념으로 세운 것입니다. 그러나 구소련 정부에 의해 개선문은 파괴되고 맙니다. 그 후 2003년에 지금의 모습으로 복원되었다고 합니다.

이 개선문을 통과할 때 소원을 빌면 성모 마리아가 소원을 들어준다는 이야기도 있습니다. 하지만 그것은 마지막 황제의 비운을 가리기 위해 꾸며낸 이야기 같아 보여서 썩 믿음이 가지 않았습니다.

몇 발자국 걸어 바다 쪽으로 내려가니 거대한 잠수함이 위용을 부리며 정박해 있었습니다. C-56잠수함 박물관입니다. 제2차 세계대전 때 혁혁한 공을 세운 잠수함으로 내부를 개조하여 박물관으로 만들었습니다. 잠수함 내부를 들여다본다는 것은 아주 귀한 체험입니다. 대체 이 잠수함은 몇 미터 아래로 잠수할 수 있을까요?

전 루마니아 작가 콘스탄틴 비르질 게오르규의 소설《25시》를 떠올렸습니다. 제2차 세계대전을 다룬 소설로 영화까지 만들어진 유명한 소설입니다. 그중에 '잠수함의 토끼' 이야기는 제 기억 속에 깊이 남아 있습니다. 소설 속의 등장인물인 작가 '트라이안 코루가'는 아내 '엘레오노라'에게 자신의 경험담을 이야기합니다.

> 옛날 초기 잠수함은 산소의 양을 측정하는 기계장치가 없었다. 그래서 흰 토끼를 태우고 다녔다. 토끼는 산소가 부족해지면 매우 예민해져 결국 견디지 못하고 죽게 된다. 토끼가 죽는다는 건, 잠수함의 승무원들이 대여섯 시간밖에 살지 못한다는 걸 의미한다. 함장은 최후의 결단을 내려야 한다. 적의 함대가 기다리

고 있는 해수면 위로 필사적으로 솟아오르느냐, 아니면 해저에서 모두 질식해 죽느냐…. 어느 쪽이든 죽는 건 마찬가지다. 그래서 서로 권총을 마주 쏘아 자결을 택한다. 현대사회는 숨을 쉴 수 없을 만큼 공기가 희박하다. 인간은 모두 흰 토끼다. 인간은 기계 사회가 만들어낸 기계 노예일 뿐이다.

게오르규는 한국을 아주 좋아했습니다. 오래전《문학사상》지의 초청으로 한국을 방문했을 때 한 강연에서 "시인은 잠수함의 토끼처럼 시대의 흐름에 예민하게 반응하는 사람"이라고 말했습니다. 참으로 고개가 끄덕여지는 말입니다. 잠수함 안의 잠망경, 조타실, 어뢰실, 침실을 둘러보면서 토끼를 사육했을 공간을 찾으려 했으나 제 눈엔 적당한 공간이 나타나지 않았습니다. 오직 잠수함에 있었을 토끼 사육장을 찾는 데만 집중해 있었기 때문에 어떤 다른 것도 그다지 흥미를 끌지 못했습니다.

허탕을 치고 잠수함 밖으로 나오니 바로 앞 광장엔 '영원의 불'이 쉼 없이 솟아올랐습니다. 우수리스크에서 본 그 가스불입니다. 마치 색이 다 날아간 듯한 투명한 불입니다. '1945'라는 큰 글씨는 전승기념일을 의미한다는데 그해는 우리나라가 일본으로부터 해방된 해이기도 하고 일본이 전쟁에서 패망하여 항복한 해이기도 합니다. 함선의 함포 포신이 동해 쪽을 향하고 있는 것은 일본이 그쪽 방향에 있기 때문에 경계를 늦추지 않는다는 뜻도 있을 겁니다.

오후도 시간이 꽤 흘렀습니다. 이리저리 다니다 보니 목이 마르기도 했습니다. 우린 근처 2층 카페에 들러 바다를 내다보며 차를 마셨습니다. 시원한 아메리카노를 시켰더니 뜨거운 커피에 얼음 담긴 물 한 컵을 가져왔습니다. 우리나라에서 늘 마시는 아메리카노는 없었던 겁니다. 사실 아메리카노도 진한 에스프레소에 물을 타 희석한 커피이니 이것과 별반 다를 게 없긴 합니다. 우린 뜨거운 커피를 얼음에 타 마셨습니다.

"커피 얼음 비빔?"

비빔밥의 나라에서 온 줄 용케도 알아챈 웨이터가 창의성을 발휘한 모양이라고 박성호 동화작가가 얼음을 휘저으며 너스레를 떨었습니다. 사실 지척에 맛있는 레스토랑도 있었고, 걸어서 13분 정도면 도달할 수 있는 '아르바트 거리'도 있습니다. 아차! 블라디보스토크의 명동거리라 불리는 아르바트 거리를 가기엔 이미 시간이 많이 지났습니다. 그쪽으로 가면 값싸고 맛있는 음식이 즐비하다고 합니다. 한글 표기

메뉴에 우리 돈으로 1천 원 미만의 아메리카노도 있다고 했습니다.

또 그 유명한 대머리 배우 율 브린너가 태어난 곳이기도 합니다. 젊은이들에겐 생소할 테지만, 영화배우 율 브린너는 이미 고전이 된 〈십계〉 〈왕과 나〉 〈대장 부리바〉 등에서 주연를 했고, 1957년엔 아카데미 남우주연상을 탔습니다. 하지만 하루도 안 되는 시간에 블라디보스토크의 모든 것을 다 볼 수는 없습니다. 다음을 기약할 수밖에 없는 일이지만 그게 언제가 될지는 알 수 없습니다.

저는 차를 마신 후 조망이 탁 트인 베란다로 나와 안도현 시인과 함께 블라디보스토크 항을 건너다보았습니다. 그는 무슨 생각을 하고 있을까요? 제가 들고 온 그의 시집 〈북항〉을 조용히 읽으면 그 답이 나올까요?

혁명 광장의 비둘기와 슬픈 기억의 저편

혁명 광장에 혁명만 있는 것은 아닙니다. 저는 그 어디서나 러시아의 광장에 가면 혁명의 불꽃과 혁명의 전사와 혁명의 깃발만이 펄럭이는 줄 알았습니다. 하지만 혁명 광장엔 비둘기도 있고, 오가는 관광객의 발길도 있고, 낯선 건물과 전선줄과 그 전선줄에 걸린 구름도 있습니다.

오른손엔 펄럭이는 깃발을, 왼손엔 나팔을 쥔 병사의 동상이 중앙에 우뚝 서 있습니다. 사방 골목 어디에서도 그 모습이 다 보입니다. 곧 나팔을 불 것 같은 병사의 위엄이 하늘을 찌를 듯합니다. 호위무사인 양 그 주위를 맴도는 비둘기들은 거의 날지 않습니다. 날기는 해도 아주 낮게, 힘겨운 날갯짓을 할 뿐입니다.

비만에 걸린 이 비둘기들은 관광객이 던져주는 비스킷이

나 건빵을 얻어먹고 삽니다. 높이 날아서 먹이를 찾아 멀리 갈 이유가 없습니다. 비만이 온몸에 촉촉이 밴, 붙박이 새가 되어버린 겁니다. 이날은 토요일이 아니어서 시장이 서지 않는다고 합니다. 토요시장은 혁명 광장의 유명한 볼거리입니다. 다양한 상품들이 다 나와 광장에 진열되기 때문입니다. 사람들의 모습이 간간이 눈에 띌 뿐 광장은 이상하리만치 한산했습니다. 그래서 우린 이곳에 유일하게 문을 여는 기념품 가게를 찾아 들어섰습니다.

우선 첫 번째로 눈에 들어오는 것이 현란한 색채의 마트료시카입니다. 독수리전망대에서도 보았던 그 마트료시카 인형은 어디서나 우리를 환영했습니다. 그만큼 마트료시카는 러시아 사람들의 마스코트로 굳건히 자리 잡고 있었습니다. 눈부시도록 화려한 마트료시카를 지나자 저는 멸종되어가는 동물들의 뼈와 어금니와 가죽을 보았습니다.

바다코끼리 뼈로 만든 하얀 상앗빛 목걸이, 빗, 그리고 어금니에 그려진 푸른 색채의 그림들, 각종 뼈의 장식품들… 그리고 토끼, 여우, 물개, 사향뒤쥐, 오소리, 늑대, 비버 등의 모피제품들이 각종 물감에 입혀져 화려하게 진열되어 있었습니다. 곁엔 차이콥스키의 호두까기 인형들이 이 모피를 호위하듯 묵묵히 부동자세로 서 있었습니다. 시베리아엔 동물

БОРЦАМ
ЗА ВЛАСТЬ
СОВЕТОВ
НА
ДАЛЬНЕМ
ВОСТОКЕ
1917-1922

들의 자취가 점차 사라지고 있습니다. 그런 황폐한 죽음의 시베리아를 상상한다는 건 너무나 끔찍한 일입니다.

그러나 블라디보스토크의 혁명 광장엔 보이지 않는 기억이 엄연히 존재합니다. 그 기억은 기억해야 하는 자에게는 희미한 상처로 깊게 남아 있습니다. 이 광장이 바로 고려인들이 강제이주를 당한 곳입니다. 1937년 9월 초 고려인들은 스탈린 정부로부터 한 통의 통지서를 받습니다. 최소한의 간단한 짐만 꾸리고 지정한 날에 혁명 광장으로 나오라는.

그 통지서를 거역할 힘이 고려인들에겐 없었습니다. 고려인들이 광장으로 들고나온 것은 얇은 요 몇 장과 현금과 먹을 물과 알곡 두어 됫박, 그리고 옷가지 몇 벌뿐이었습니다. 너무 급작스레 통고된 것이어서 미처 짐을 쌀 시간적 여유도 없었습니다. 게다가 불필요한 짐은 허락되지도 않았습니다.

강제이주는 1937년 10월 4일부터 시작하여 여러 차례에 걸쳐 이루어졌습니다. 광장에 모인 고려인들은 신분조회를 마친 다음, 블라디보스토크역으로 가 화물차에 몸을 실었습니다. 이미 스탈린 정부는 고려인들에게 충분히 겁을 준 상태였습니다. 지식인 2,500명을 사전에 총살해버렸기 때문입니다.

여기 한 사람을 우린 기억해야 합니다. 그는 대한독립을 위한 혁명의 최전선에서 혁혁한 공을 세웠으나, 결국 이 블라디보스토크 혁명 광장에서 쓸쓸히 역사의 뒤안으로 사라질 수밖에 없는 망국의 장군이 되고 말았습니다. 그는 훗날 일제가 패망하여 많은 대한의 독립투사들이 조명받을 때도 여전히 그늘 속에 숨은 존재였습니다. 남에선 그가 공산당 빨치산이요 볼셰비키란 이유로, 북에선 그가 김일성의 항일 업적을 뛰어넘는 존재여서 김일성 업적에 손상을 입힌다는 이유로 배척받았기 때문입니다. 그가 혁명 광장에 서 있을 때, 그는 강제이주 명단에 콜호스(집단농장)의 농부로 기록되어 있었습니다.

그러나 당시 그는 포수들을 규합하여 의병대를 만든 사람이며, 그가 포수부대를 이끌고 일본군을 격퇴하여 삼수성과 갑산읍을 탈환한 사람이며, 그래서 얻은 별명이 '날으는 호랑이'며, 일본인의 금광을 습격하여 독립군 자금을 마련한 사람이며, 만주를 거쳐 노령을 넘어 연해주로 망명한 후 13도의군의 의병장 유인석과 더불어 항일투쟁을 한 사람이며, 그리고 1920년 6월 봉오동전투에서 700여 명의 독립군을 지휘하여 137명의 일군日軍을 죽이고 수많은 일군 병사에게 부상을 입힌 사람이며, 그해 10월 대일항전사對日抗戰史에 길

홍범도 장군의 대표적인 공식직함은
대한독립군 총사령관, 대한독립군단 부총재.

이 빛날 청산리전투에서 제1연대장으로 참전하여 대승을 거둔 사람임을 아는 사람은 그리 많지 않습니다.

1920년 봉오동전투와 청산리전투에서 참패한 일본군이 5만 명의 병력을 동원하여 한국독립군 토벌작전을 대대적으로 벌이기 시작했습니다. 그래서 그는 700여 명의 독립군 통합부대를 이끌고 1921년 1월 하순 우수리강을 건너 러시아령 흑하 자유시로 들어갔습니다.

이 시기에 또한 연해주에 흩어져 있던 한인 무장 세력들이 자유시 일대로 집결하고 있었습니다. 그러나 자유시에 집결한 독립군부대는 러시아 적군의 습격을 받게 됩니다. 그것으로 독립군은 거의 와해되고 맙니다. 그 배경에는 일본군과 러시아 볼셰비키 공산당 간의 협상이 있었습니다. 일본은 독립군을 와해시키는 데 볼셰비키가 필요했고, 볼셰비키는 연해주를 점령한 일본군을 철수시켜야 했습니다. 이것을 '자유시사변'이라 부릅니다.

자유시사변 이후 한인 무장 세력은 러시아 공산당의 강력한 통제를 받게 됩니다. 그는 나중에 연해주, 이만 등의 집단농장에서 일하게 되지만, 독립투쟁의 희망은 버리지 않았습니다. 집단농장에 있으면서 그는 농민의 생활 향상과 한인동포들의 권익보호에 힘썼습니다. 그가 바로 우리가 꼭 기억해야 할 홍범도洪範圖 장군입니다.

홍범도 장군의 대표적인 공식직함은 대한독립군 총사령관, 대한독립군단 부총재입니다. 당시 홍범도 장군이 혁명광장에 서서 비둘기를 바라보며 무슨 생각에 잠겨 있었을지 그 모습을 떠올리면 마음속에 큰 돌덩이가 얹힌 느낌입니다. 그는 연해주를 떠나 중앙아시아의 카자흐스탄으로 이주했습니다. 그곳에서 홍범도 장군은 극장 야간수위, 정미소 노동자로 일하다가 1943년 76세로 사망합니다.

어느새 시간과 공간이 휘리릭 하고 80년이 지나갔군요. 이제 그들 대한민국 후손들은 관광객이 되어 혁명 광장에 와서 사진도 찍고, 비둘기에게 먹이도 주고, 시장에서 기념품도 삽니다. 고려인들이 무겁게 행렬을 지어 블라디보스토크 역내 화물열차에 몸을 싣던 그날, 그 이후로 세상은 많이 변했습니다. 관광객으로 이곳을 찾은 그 후손들인 저희는 이르쿠츠크로 향하기 위해 2등 열차에 몸을 싣고 떠납니다. 시베리아 벌판에 대한 기대와 바이칼호에 대한 설렘을 가슴에 가득 품고서요.

광장엔 웬일인지 아무도 없었습니다. 우리뿐이었습니다. 주변엔 유럽풍 건물들과 흰색의 시청건물과 고풍스런 백화점이 맑은 햇빛에 반짝였습니다. 현수교인 금각교가 가깝게 바라다보입니다. 비둘기들은 우리가 오든 말든 동상과 탑 주위를 날아다니거나 어기적어기적 걸어 다니며 광장을 배회하고 있습니다. 다가가도 전혀 놀라는 기색이 없습니다. 하늘엔 구름이 어디선가 몰려왔다 어느샌가 우르르 북쪽으로 몰려가곤 했습니다. 군함이 뜬 바다로부터 습한 바람이 불어왔습니다.

홍범도 장군이 광장에 우뚝 서서 쓸쓸히 열차를 기다렸을 그날, 어두운 기억의 저편에 띄운 '제 마음속 비둘기 한 마리'는 그날의 그 장면을 똑똑히 기억하고 있었을 것입니다.

2장

떠남

시베리아 207열차

이별하며 시작이다

날이 저물고 있습니다. 우린 블라디보스토크역으로 가기 전에 열차 생활에 필요한 물품을 구입하기로 했습니다. 저녁 식사는 각자 해결하기로 했습니다. 우린 굶주린 하이에나처럼 역 근처의 마트로 우르르 몰려갔습니다. 저녁은 열차 안에서 하기로 하고 라면, 햇반, 훈제 연어, 말린 생선, 종이컵, 과일, 화장지, 물티슈 등을 구입했습니다. 물론 보드카와 와인을 빠뜨리는 분은 아무도 없었습니다.

3박 4일 동안 먹을거리와 소비품을 한 보따리씩 사 들고 우린 밖으로 나섰습니다. 저녁 도시의 불빛이 별처럼 반짝이기 시작했습니다. 블라디보스토크역 외관은 7세기 대표적인 러시아 건축양식을 보여줍니다. 1891년 이 역의 주춧돌을 황태자 니콜라이(이후 황제 니콜라이 2세로 즉위)가 놓았습니다. 출입구에 있던 두 개의 머리가 달린 독수리는 소비에트 정부

때 목이 달아났습니다. 황제를 상징한다는 이유였습니다.

블라디보스토크역은 모스크바에 있는 야로슬랍스키역 모양을 본 떠 만들었습니다. 1958년부터 1991년까지 블라디보스토크역은 외부인의 출입이 오랫동안 금지되었습니다. 1994년부터 대대적인 보수작업 끝에 새로운 현재 모습으로 복원되었습니다. 역 대합실 천장엔 모스크바와 블라디보스토크를 나타내는 벽화가 그려져 있습니다. 4일 동안 머리를 감는 것은 엄두도 못 낼 일일 것 같아 역내에 있는 샤워실을 이용하기로 했습니다. 100루블을 지불하고 서둘러 머리와 몸을 닦고 개찰구로 향했습니다.

여기서 9,288km를 일주일 동안 달리면 모스크바 야로슬랍스키역에 닿게 됩니다. 우리는 3박 4일 동안 달려 이르쿠츠크역에 닿아야 합니다. 그곳엔 러시아의 파리라 불리는 이르쿠츠크와 세계에서 가장 깊고 아름답다는 바이칼호가 우리를 기다리고 있기 때문입니다. 그리고 시원의 섬이요, 우리들 DNA의 섬이요, 샤먼의 섬인 '올혼'이 역시 우리를 기다리고 있습니다.

1909년 안중근 의사는 이곳에서 하얼빈을 향해 떠났습니다. 그는 하얼빈역에서 단 세 발의 총알로 이토 히로부미를 처단했습니다. 연해주에서 활동하던 많은 독립투사가 이 블라디보스토크역을 시발점으로 만주와 상해, 하얼빈으로 이동하여 독립투쟁을 벌였습니다.

우린, 역사 안 플랫폼으로 들어가면서 옛날 증기기관차를 보았습니다. 검은 기관차 가운데로 붉은 별이 큼직하게 박혀 있고, 양쪽으론 경적을 울리는 나팔이 달려 있습니다. 바로 이 기차가 끄는 화물차에 실려 한인들은 중앙아시아로 떠났던 것입니다. 그들은 대접받는 여객이 아니라 짐짝이나 다름없는 '버려진 사람들'이었습니다.

잔뜩 찌푸린 날씨여서 벌써 어두웠습니다. 우린 207열차가 서 있는 플랫폼으로 갔습니다. 아, 그곳에 반가운 한 사람이 만면에 웃음을 띠며 서 있었습니다. 바로 최기순 다큐 감독입니다. 여름이지만 밤엔 기온이 내려가 추운데도 그는 러닝셔츠만 걸친 채 우리가 오기를 기다리고 있었습니다. 홍범도 장군이 아마 저런 당당한 모습이 아니었을까 하고 생각할 정도로 검은 털보 수염의 그는 멋져 보였습니다.

최 감독은 마침 시베리아 표범을 촬영하려고 삼림으로 들어가는 중이라 했습니다. 허영과 연락이 닿아 부랴부랴 차를 몰고 달려왔다고 합니다. 너무나 짧은 만남이었습니다. 최 감독은 10여 년간 시베리아 표범만 찍어왔습니다. 그가 촬영

한 표범의 활동 이야기는 EBS 다큐로 방영되어 시청자들의 많은 공감을 받았습니다. 극동 지역에서 사라져가는 맹수들의 흔적을 찾아 그는 겨울이건 여름이건 삼림을 누볐습니다.

나무꼭대기에 위장막偽裝幕을 치고 일주일이고 열흘이고 그 자리에서 표범이 나타나기를 기다린다고 합니다. 그리고 또 얼마의 삼림을 헤매야 하는지 모른다고 했습니다. 그의 이야기를 듣고 있노라면 밤을 새워도 모자랄 판입니다.

우리 땅에서는 이미 멸종된 조선 표범. 이제 시베리아에서 그것을 볼 수 있습니다. 최 감독은 일명 아무르 표범이라 부르는 조선 표범의 모습을 필름에 담아 우리에게 보여줍니다. 그 뚜렷한 무늬, 사납고 용맹한 시베리아 표범을 찍기 위해 얼마나 많은 시간을 참고 기다려야 하는지 모른답니다.

하지만 우린 곧 열차에 올라야 했습니다. 잠깐의 만남과 이별이 먼 북국에서 벌어진 겁니다. 마치 테오도라키스의 〈기차는 8시에 떠나네〉라는 노래처럼 우린 레지스탕스가 된 기분으로 열차에 올랐습니다. 7시 14분 열차는 그렇게 떠났습니다.

최기순 감독도 아무런 두려움도 없이 내일이면 시호테알

린산맥 원시림 지대로 성큼성큼 걸어 들어갈 것입니다. 그곳엔 그의 친구 시베리아 표범이 흰 이빨을 드러내며 그를 기다리고 있을 것입니다.

시원의 기억

한국인에겐 말로는 설명할 수 없는 향수鄕愁 nostalgia가 있습니다. 그건 수천수만 년 동안 잠재된 '원초적 그리움' 같은 것입니다. 그 그리움의 시원始原이 바로 바이칼호입니다.

'아, 이곳이야. 어쩐지 설레고 슬프고 멀고 아득했어. 바로 여기가 내 영혼의 터야.'

한국인은 바이칼을 만나게 되면 그런 생각을 한다고 합니다. 그 생각은 어떤 기시감既視感 같은 것일지도 모릅니다. 처음 오는 곳, 처음 대하는 장면, 처음 만나는 사람이지만 어디선가 본 듯한 느낌이 들 때, 이것을 심리학에선 데자뷰, 또는 기시감이라고 합니다. 하지만 원초적 그리움은 오랜 시간 전해져 온, 겨레의 뿌리이자 정서이지 기시감하곤 차원이 다릅니다.

원초적 그리움. 노스탤지어. 이것은 우리 영혼에 유전적으로 전해져 오는 '근원적인 무엇'입니다. 그것은 마음속에 잠재된 지향심일 수 있습니다. 이 향수는 훨씬 더 오랜 역사를 지니고 있습니다.

어쩌면 우리는 그 근원적인 무엇을 찾아 길을 떠나는 것은 아닐까요? 가까이는 고려인들이 밟아온 고난의 길이요, 멀게는 선사시대 우리의 조상들이 걸어온 발자취의 길입니다. 이제 그 길을 따라 우린 이국의 선로를 달립니다. 메아리처럼 달립니다.

길 그리고 비

8월의 시베리아에 비가 내립니다. 저는 차창을 통해 별을 보다가 어느 순간 별이 사라진 것을 알아챘습니다. 이내 흐린 하늘에서 비를 뿌리기 시작했습니다. 밤 11시, 실내의 불은 꺼졌습니다. 실내는 온통 어두웠고 복도에만 희미한 등이 켜져 있을 뿐입니다.

빼꼼히 열린 4인실 문틈으로 두런거리는 말소리가 흘러나옵니다. 열어놓은 문틈으로 복도의 빛이 방 안으로 스며듭니다. 여행객들은 희미한 빛에 의지하여 보드카를 마십니다. 시베리아의 레일 위를 달린다는 그 설렘 하나만으로도 여행객들은 잠을 이루지 못했습니다.

그러나 이 길은 지난날 고려인들에겐 가슴 아픈 죽음의 길이었습니다. 이 길은 불안과 공포의 길이었고 이 길은 그들에겐 너무나도 가혹한 길이었습니다. 고려인들은 아무 죄 없이 수형인처럼 어디론가 실려 갔습니다.

이 레일 위에서 고려인들은 속절없이 죽어갔습니다. 자식들을 버리고, 노령의 부모를 버리고, 가엾이 쓰러진 아내와 남편을 버리고 갔습니다. 고려인들은 눈물을 머금고 찬 시베리아 벌판에 혈육을 버렸습니다. 언 땅을 파고 시신을 묻거나 그냥 벌판에 시신을 누이고 잔돌이나 나뭇가지를 덮었습니다. 어느 땐 시신을 묻을 조금의 시간조차 주어지지 않았습니다.

비 오는 8월 여름 저쪽엔 혹한의 11월 눈보라가 퍼부었을 것입니다. 꽁꽁 언 시신을 늑대들이 몰려와 물어뜯는 끔찍한 장면을 저는 상상합니다. 당시, 이 레일 위에 홍범도 장군이 있었습니다. 당시, 이 레일 위에 빅토르 최의 할아버지가 있었습니다.

러시아인들의 우상인 빅토르 최. 그의 할아버지 막심 페트로비치 최는 원주 최씨로 1937년 스탈린에 의해 중앙아시아로 강제이주를 당하게 됩니다. 막심 페드로비치 최의 아들 로베르트 막시모비치 최는 대장장이였습니다. 그는 우크라이나 여성과 결혼하여 빅토르 최를 낳습니다.

빅토르 최는 20대 때 펑크록 스타일의 노래로 소비에트 젊은이들로부터 큰 인기를 누린 가수입니다. 그의 노래엔 우울하면서도 아름다운 선율, 저항적이며 자유지향적인 염원이 담겨 있습니다. 그러나 라트비아 공화국 리가에서 그는 의문의 자동차 사고로 요절하고 맙니다. 그때 나이가 28세였습니다. 소비에트 전역에서 그를 애도하는 물결이 일었고, 빅토르 최의 죽음에 충격을 받은 다섯 명의 러시아 여자들이 자살하기도 했습니다. 훗날 모스크바 아르바트에는 그를 애도하는 추모의 벽이 생겨났습니다. 그곳은 러시아의 성지로 널리 알려져 세계의 관광객이 몰려들고 있습니다.

한국에서도 강병융 작가가 쓴 소설 《나는 빅또르 최다》가 2018년 출간되었습니다. 이 소설은 러시아와 브라질에서 번역 출간되어 세계적인 화제가 되기도 했습니다. 저항적이며 자유지향적인 그의 노래는 아마도 그의 할아버지가 겪었을 수난의 역사를 대변하는 듯싶습니다. 그의 노래 〈엘렉트리치카〉 후렴구는 이렇습니다.

기차는 나를, 내가 원하지 않는 곳으로 데리고 가네.

엘렉트리치카elektrichka란 소련광역전철을 말합니다. 이 노래는 열차에 실려 어디론가 끌려가는 사람들의 이야기입니다. 노래는 곧 공연 금지되었지만 소련 청년들의 마음을 사로잡아 입에서 입으로 급속도로 전파되었습니다. 어쩌면 빅토르 최의 할아버지와 고려인들이 겪었을 아픈 역사가 이 노래에 고스란히 담겨 있다고 해도 과언이 아닐 것입니다.

강제이주 당시 시베리아 기차는 시속 20km 이상을 달릴 수 없었습니다. 석탄을 때는 굴뚝열차는 레일 위를 걷듯이 기어서 갔고 그것도 자주 멈춰 서야 했습니다. 한 달여 동안 강제이주민들은 추위와 굶주림과 질병에 시달렸습니다. 그렇게 짐짝처럼 실려 가는 동안 550여 명의 고려인이 사망했습니다.

열악한 화물칸엔 식수도 약품도 식량도 턱없이 부족했습니다. 발을 마음껏 뻗고 잠들 공간이 있을 리 없었습니다. 서로 옹기종기 웅크리고 앉아 몸을 포개고서 밤과 낮을 지내야 했습니다. 이들 17만여 명은 카자흐 공화국(현 카자흐스탄), 우즈베크 공화국, 타지크 공화국, 키르기스 공화국 등으로 분산 배치되었습니다.

1937년의 고려인 강제이주 조치는 소련에서 흔히 있던 민족재배치 정책의 일환으로 시행되었습니다. 그 중심에 스탈린이 있었습니다. 그것으로 극동 지역에 뿌리를 내렸던 고려인들의 생활 기반이 완전히 붕괴되고 말았습니다. 하지만 고려인들은 강인했습니다.

온갖 고초를 견뎌내고 마침내 고려인들은 중앙아시아의 중심으로 우뚝 서게 되었습니다. 고려인들은 뛰어난 역량을 발휘하여 소련사회에서 가장 인정받는 민족으로 성장했습니다. 비록 비극적이고 암울한 시대였지만 고려인 강제이주는 고려인들이 유라시아 지역에서 중심적인 민족으로 성장하는 발판을 마련하는 계기가 되었습니다.

이제 그 질곡의 아픈 레일 위를 고려인 후손들이 달립니다. 새벽 2시가 되자 두런거리던 소리들이 잠잠해졌습니다. 자욱이 눈보라 같은 물방울들이 차창에 부딪혀 빗금처럼 흘러내립니다. 오직 레일 위를 달리는 바퀴 소리만 적막한 벌판을 무심히 적시고 있을 뿐입니다.

창을 통해 걸어간 벌판

창밖으로 시베리아 벌판이 흐릅니다. 그 벌판 사이로 강이 굽이 돌고, 그 강 가장자리로 버드나무가 무성합니다. 강에 가로놓인 작은 철교 위를 원목을 가득 실은 화물열차가 반대편으로 달립니다. 블라디보스토크로 향하는 열차입니다. 가고 오는 길은 서로 다르나 시베리아의 길은 서로를 스쳐 지나면서 안녕이라고 인사를 나눕니다. 과거와 현재와 미래가 찰나에 만나 찰나에 사라집니다. 풍경은 단조롭고, 풍경은 나무와 들꽃과 마을의 골목과 지붕을 보여줍니다. 이따금 강이 나타나 빗방울들을 온몸으로 받습니다. 그럴 때마다 수면 위론 자욱이 총알 자국 같은 상처들이 남습니다. 그 상처를 어루만질 이는 아무도 없습니다. 그저 자연은 그렇게 스스로 상처받고, 스스로 그 상처를 아물게 합니다.

그렇게 207열차의 유리창은 저쪽 세상 풍경들을 무심히 흘려보냅니다. 자작나무 숲과 마을과 여름별장인 다차Dacha가 흘러갑니다. 다차는 통나무로 지은 집과 텃밭이 딸린 주말농장을 말합니다. 도시인 70%가 다차를 소유하고 있다고 합니다. 주말엔 도시인들이 다차에서 휴가를 즐깁니다. 다차마다 과실나무와 각종 채소가 자랍니다. 아마 주말이면 저 다차에도 가족들이 몰려와 텃밭에서 기른 채소를 뜯거나 바비큐를 즐길 것입니다. 도시 사람들의 따뜻한 안식처가 지금은 을씨년스럽게 보입니다.

열차가 달리면서 비는 자작나무 숲이 우거진 곳에서 잠시 멈추더니 얼마 후 다시 들판 저쪽에서부터 자욱이 내리곤 합니다. 시베리아는 들판만 있는 것이 아닙니다. 산도 있고 터널도 있고 숲도 있습니다. 드문드문 마을이 보이고 비가 내린 흙길로 자동차 바큇자국이 선명합니다. 길 웅덩이엔 빗물이 고여 있습니다. 그렇게 우린 끝없이 눈 셔터를 누르면서 어디론가 흘러갔습니다.

그때부터 바깥의 풍경에 무심해지기 시작했습니다. 노란 마타리꽃이 지천으로 핀 들판도, 갑자기 나타난 파란 하늘도, 낮게 담요처럼 드리워진 하층운도 슬쩍슬쩍 지나쳐 갈 뿐입니다. 이곳이 대체 어디란 말입니까. 이곳이 이내 저곳이 되고, 또 저기 저 무엇이 순식간에 사라지는가 싶더니 이내 다른 낯선 풍경이 등장하곤 합니다. 저 모든 풍경은 스크린에 꽉 차 있지만 그것들은 쉼 없이 어디론가 뒤쪽으로 흘러갑니다. 하지만 그것들은 모두 하나로 연결되어 있습니다. 참으로 신기한 일입니다.

찰나의 사진작가 앙리 카르티에 브레송*이 담아낸 순간의 이미지처럼 창에 비친 이 모든 풍경들을 제 마음속 영혼에 꼭 새기고 싶었습니다. 하지만 그건 너무나 벅찬 일입니다.

이런 창의 풍경이 어찌 시베리아의 열차만이 누릴 수 있는 오붓한 풍경이겠습니까. 하지만 어쩐지 이 207열차의 창은 제가 오랫동안 꿈을 꾸고서 당도한 그런 세계인 듯싶었습니다.

시베리아엔 유난히 자작나무가 많습니다. 끝없는 자작나무의 연속입니다. 자작나무는 추운 북쪽에서 자라는 한 대목寒帶木입니다. 이파리들이 바람에 흔들리는 모습이 마치 송사리 떼가 우르르 몰려다니는 모양새입니다.

***앙리 카르티에 브레송** 프랑스의 사진작가. 라이카 사진술의 대표적 작가. 순간 묘사의 절묘함이 작품의 특징이다.

자작나무 잎들은 가을이 오면 곧 황금빛으로 물들 겁니다. 아주 짧디짧은 가을이지만, 대지는 더욱 눈부실 것이고 하늘은 그 황금빛으로 더욱 깊어질 것입니다. 그런데 문득 자작나무 숲 사이로 까마귀 한 마리가 외롭게 앉아 있는 모습이 제 눈에 포착되었습니다. 분명 까만 윤택이 나는 까마귀가 분명합니다. 비는 그쳤으나 하늘은 아직도 흐립니다.

순간적으로 스쳐 간 모습이지만 제 망막엔 그 모습이 뚜렷한 잔상으로 오래 남았습니다. 떼까마귀인지 갈까마귀인지는 알 수 없으나 순간적으로 스쳐 간 그 까만 점은 오래도록 제 기억에 지울 수 없는 점으로 각인되었습니다.

그의 동료들은 어디로 간 것일까요. 아마 나이가 많이 든 까마귀일지도 모릅니다. 그는 먹이를 구하러 간 가족을 기다리고 있을지도 모르겠습니다. 까마귀는 죽을 때까지 부모나 형제를 돌보는 새로 널리 알려져 있습니다. 그래서 우리나라에선 까마귀를 효성스런 새라 하여 효조孝鳥라 부릅니다.

시베리아의 새들은 겨울이 되면 남쪽으로 내려와 월동을 합니다. 우리나라 울산 태화강엔 겨울만 되면 시베리아 떼까마귀와 갈까마귀가 무리 지어 날아옵니다. 저녁이면 까마귀들이 울산 태화강 하늘 위로 깨알처럼 군무하는 모습을 볼 수 있습니다.

아, 겨울! 신기하게도 제 상상의 창으로 펑펑 눈이 쏟아져 내리기 시작했습니다. 황금빛 자작나무 잎들이 눈처럼 쏟아져 들판 저쪽으로 날아갑니다. 어느새 나무들은 앙상한 나목이 되어 있었고 그 위로 하얀 눈이 덮이기 시작했습니다. 창은 그렇게 겨울을 제 눈앞에 펼쳐주고 있었습니다. 이제 그 까만 까마귀 한 마리만이 공허하게 자작나무 가지 위에 오슬오슬 떨며 앉아 있을 뿐입니다.

여름에 그리운 눈

이럴 때 생각나는 시가 있습니다. 눈에 대한 많은 시가 있습니다만 저는 이 시를 대하면 먼 시원과도 같은 깊은 사랑을 떠올리게 됩니다. 한여름에 겨울밤 눈을 생각한다는 건 어떤 사무친 그리움 때문이 아닐까요?

백석의 시 〈나와 나타샤와 흰 당나귀〉가 생각납니다. "가난한 내가 아름다운 나타샤를 사랑해서 오늘 밤은 푹푹 눈이 나린다" 나타샤는 톨스토이의 소설 《전쟁과 평화》에 등장하는 주인공 이름입니다. 청순하고 순결한 여인의 표상으로 나타샤는 백석의 시에 중요한 모티브가 됩니다. 눈과 나타샤와 당나귀, 이 시어를 통해 우린 먼 기억 속에서 희미한 사랑의 흔적을 발견합니다.

지금 저는 여름의 창에서 순백의 나타샤와 당나귀와 백석과 순결한 눈을 상상합니다. 한여름인데도, 이토록 시베리아의 눈이 사무치게 그리워지는 날입니다.

207열차의 시베리아 횡단

하바롭스크

역과 역을 수없이 지나치니 느껴지는 것이 하나 있습니다. 철로는 인생의 여정과도 같다는 것을. 또한 역들은 인생의 마디와도 같다는 것을.

우리의 생에는 숱한 나무의 결들이 그어져 있습니다. 그것들은 우리들 생이 지나온 흔적입니다. 거기 나뭇결에 나무는 옹이를 하나씩 만들어냅니다. 옹이엔 굴곡진 생이 응축되어 있습니다. 그 옹이에서 가지가 뻗고 잎을 열고 꽃을 피워내어 열매를 맺습니다. 모든 것은 자연과 더불어 숨을 들이쉬고 내쉬는 순리 속에서 이루어집니다.

철로 또한 다르지 않습니다. 철로의 역은 나무의 옹이와도 같습니다. 스쳐 지나가는 낡은 간이역 하나라도 거기엔 사람들의 옅은 숨결이 배어 있습니다. 역사驛舍는 철로의 오랜 이야기를 우리에게 말없이 들려줍니다.

하바롭스크역에서 만난 북한 노동자들도 철로에서만 들을 수 있는 이야기를 들려주었습니다. 담배를 피우는 그들의 그늘진 얼굴들은 지난날 중앙아시아로 강제이주당하던 고려인들을 연상시켰습니다. 뽀얀 담배연기가 그들의 고단한 삶을 이야기하고 있었습니다. 마치 뭉게구름이 일듯 그들의 한 생이 담배연기 속에 고혼처럼 떠돌았습니다.

시베리아의 깊은 숲속으로 들어가면 나무를 베어 운반하는 힘든 노동이 그들을 기다리고 있을 것입니다. 전나무와 낙엽송 등 침엽수림으로 우거진 원시림, 그곳에서 그들은 매일매일 고단한 하루를 눕히며 고향에 두고 온 가족들을 그리워할 겁니다.

이제 그들은 어디론가 알 수 없는 세계로 떠나기 위해 단체로 웅기중기 모여 앉아 있습니다. 저는 그들에게 한마디 말도 건넬 수가 없었습니다. 그저 망연히 그들과 거리를 두고 바라만 볼 뿐이었습니다.

소련이 붕괴되기 직전엔 2만여 명의 북한인 벌목꾼들이 하바롭스크역을 통해 삼림으로 투입되었다고 합니다. 지금도 북한은 중요한 외화벌이 수단으로 일꾼들을 활용하고 있

하바롭스크에 거주하던 시절의 조명희.
자기 자신에 늘 준엄했던 시인인 조명희는
러시아 지역의 대표적인 민족문학작가입니다.

습니다. 세 명이 한 조가 되어 일하는데 하루 250루블에서 300루블을 받는다고 합니다. 우리 돈으로 5천~6천 원을 버는 셈입니다.

하바롭스크도 역시 우리 고려인들의 중요한 삶의 터였습니다. 우리 문학사의 큰 별인 조명희 작가도 하바롭스크에서 활동을 했습니다. 충청북도 진천이 고향인 조명희 작가는 우리나라 최초의 희곡인 〈김영일의 사死〉를 썼습니다. 그는 김기진, 김동환 등과 함께 동인 활동을 했고, 시·소설·아동문학·평론에서 왕성한 창작 활동을 했습니다. 1928년 한때 소련 작가동맹에서 요직을 맡기도 했습니다. 조명희 작가는 〈낙동강〉 〈붉은 깃발 아래에서〉 〈짓밟힌 고려인〉 등 수많은 작품을 남겼습니다.

자기 자신에 늘 준엄했던 시인인 조명희는 러시아 지역의 대표적인 민족문학작가입니다. 1937년 가을 조명희는 스탈린 정부에 체포되어 이듬해 사형언도 판결을 받은 후 5월 11일 총살됩니다. 스탈린 정권은 고려인 17만여 명을 중앙아시아로 강제이주시키기 전에 먼저 고려인 지식인 2,500여 명을 처형하는 일부터 시작했던 것입니다.

하바롭스크시는 아무르강과 우수리강이 만나는 하류 쪽에

있습니다. 아무르강 유역을 탐험했던 17세기 러시아 탐험가 하바로프의 이름을 따서 도시 이름으로 삼았습니다. 하바롭스크시는 시베리아 횡단철도가 아무르강을 가로지르는 길목에 있습니다. 중국과 맞닿아 있어 한때 중국과 국경문제로 다툰 적이 있습니다. 동서와 남북을 교차하는 교통의 요충지입니다.

하바롭스크역에서 207열차는 한 시간을 정차했습니다. 열차의 탱크에 식수를 공급받거나 가져온 화물을 하역하고 새로운 화물을 싣기 위해서랍니다. 궂은 날씨에 내리던 비도 말끔히 가셨습니다. 전형적인 여름의 뭉게구름이 함선처럼 눈부시게 둥둥 떠 있었습니다.

여행객들은 물 만난 물고기처럼 흩어져 망고아이스크림을 사 먹거나, 러시아 아낙네들이 벌여놓은 좌판으로 가서 찐 감자며 훈제된 생선(연어·오물 등)을 사느라 부산을 떨었습니다. 플랫폼에선 변사또의 낭랑한 구령에 맞춰 저마다 굳어진 몸을 푸느라 여념들이 없었습니다. 한 시간의 나들이는 색색의 풍선처럼 여행객들을 호기심과 설렘으로 들뜨게 했습니다.

하바롭스크역은 고풍스런 유럽풍 건물로 웅장하고 깨끗한 인상이었습니다. 이 하바롭스크에서 100년 전 아시아 최초

ХАБАРОВСК

의 사회주의 정당인 한인사회당이 창당되었습니다. 위원장은 대한광복군 정부를 세웠던 이동휘였고, 실질적인 창당의 산파역은 '김알렉산드라'였습니다. 놀랍게도 그녀는 1916년 한인으로선 처음으로 볼셰비키 당원이 된 여성으로 알려져 있습니다. 그녀는 나중에 멘셰비키에게 총살됩니다.

한인사회당은 기관지 《자유종》을 발간하여 일본제국의 만행을 널리 알리고 조선의 독립을 일깨우는 활동을 했습니다. 저는 역사 맞은편 광장 하바로프 동상 앞에서 하바롭스크역을 바라보았습니다. 그리고 조명희 작가와 김알렉산드라, 그리고 하바롭스크역 광장에서 강제이주를 당하던 당시의 고려인들을 생각했습니다. 무심하게도 비둘기들이 역사 지붕 위를 마음껏 날아다니고 있었습니다. 그때 저는 어디선가 맑게 울리는 '자유종' 소리를 들었습니다. 물론 환청이겠지만 그 소리는 제 마음에 은빛 앙금이 되어 오래도록 남았습니다.

아무르강 철교 너머

아무르강은 시베리아 남동부에서 발원하여 중국 만주 국경을 따라 동쪽으로 흐르다가 하바롭스크 부근에서 중국 송화강松花江, 러시아 우수리강과 합쳐집니다. 그런 다음 북동쪽으로 거슬러 오르다가 극동의 오호츠크해로 흘러듭니다. 중국에선 이 강을 헤이룽강(흑룡강黑龍江)이라 부르고, 몽골에선 이 강을 하라무렌(검은 강)이라 부릅니다. 극동으로의 물자운송에 중요한 역할을 합니다. 연어류와 대구류 등 어족이 풍부합니다.

블라디보스토크에서 출발한 207열차는 북상을 계속하다가 ㄱ 자로 꺾어지는 지점에서 서쪽으로 방향을 틉니다. 그 꼭짓점이 바로 하바롭스크입니다. 도시의 우안右岸을 끼고 아무르강이 흐릅니다.

아무르 철교는 3.5km 길이로 시베리아 횡단철도에서 가장 긴 철교입니다. 이 철교 건설로 모스크바에서 블라디보스토크까지 러시아 횡단철도가 완성됩니다. 25년의 오랜 세월이 걸렸습니다. 그 아무르강 철교를 건너면 철로는 아무르강과는 멀어집니다. 이때부터 야블로노비산맥이 아무르강을 가로막기 때문입니다. 이 산맥은 바이칼호까지 길게 연결되어 있습니다.

하바롭스크에서 2시간 30분을 달리면 비로비잔에 닿습니다. 비록 5분간 잠깐 정차하는 역이지만 비로비잔은 특이한 역임을 한눈으로 봐도 알 수 있습니다. 비로비잔역 이름은 러시아어와 이디시어*로 되어 있습니다.

이곳은 1934년 유대인 자치주가 되었습니다. 리투아니아, 벨로루시, 우크라이나 등 유럽 쪽 러시아 영토에 유대인 400만 명이 살고 있다고 하는데, 스탈린은 유대인의 머리와 손재주와 근면성을 높이 사 늪지인 이 지역을 개발코자 했습니다. 1928년부터 10년 동안 유대인 4만 명이 이곳으로 이주했습니다.

그러나 현재 비로비잔에는 러시아인이 93%를 차지하고 유대인은 1%에 못 미치는 1,600여 명만 거주할 뿐입니다. 유대인 자치주라는 이름이 무색할 지경입니다. 인구가 줄어든 이유는 이 지역이 늪지대이고 척박한 땅이어서 농업생산활동이 원활치 못했기 때문이기도 했지만, 실망한 유대인들이 새로이 건국된 이스라엘과 신천지인 미국으로 떠나버렸기 때문입니다.

여기서 한 가지 짚고 넘어가야 할 이야기가 있습니다. 유대인과 고려인을 대하는 스탈린의 태도입니다. 스탈린은 이주할 유대인에게 정착할 때까지 지원을 약속했고, 살 터전과

---

*이디시어(Yiddish language) 중부 및 동부유럽 출신 유대인이 사용하는 언어.

살 집을 마련함은 물론 식량까지 공급했습니다. 유대인을 적극 유치하기 위해 유대인 마을에 삐라를 살포했다는 이야기도 전합니다.

그런데 극동 지역의 고려인들에겐 정반대의 정책을 폈습니다. 유대인에겐 사람대접을 해줬지만 한인은 노예나 다름없는 취급을 했습니다. 동서양은 이렇게 다릅니다. 한인들은 황량한 들판의 늑대처럼 강인하고 질기게 살아남았습니다. 그리고 중앙아시아에 깊이 뿌리를 박아 소비에트 정권을 놀라게 했습니다.

이것이 한인의 정신입니다. 굽히지만 부러지지 않고 엎드리지만 다시금 들불처럼 일어섰습니다.

블라디보스토크에서 이르쿠츠크까지 지나쳐야 할 역은 모두 55개입니다. 이르쿠츠크까지 3박 4일의 여행은 때로는 환상이었고 때로는 따분했으며 때로는 고향 같은 친근함을 느꼈습니다. 낯선 풍경의 이국이란 느낌이 조금도 들지 않았습니다.

제가 어린 시절부터 늘 상상해왔던 시베리아. 황량한 벌판과 벌판의 집들, 울타리 안의 텃밭, 빗물이 고인 황톳길, 감자밭, 자작나무, 버드나무, 노란 마타리꽃이 지천으로 핀 언덕

배기, 흐린 시간의 비, 맑게 갠 하늘과 옥양목 빨래처럼 늘어진 흰 구름송이들, 이 모두가 제겐 꿈만 같았습니다.

그저 아름답고, 단조롭고, 끝 모르는 거대한 산맥과 대지가 있었습니다. 저는 이따금 객차 출입구로 나가, 시베리아 대지가 내뿜는 허파의 숨결을 가슴으로 느끼며 숨을 들이쉬고 내쉬었습니다.

시베리아의 강은 북으로 흐른다

17세기까지 시베리아는 오지奧地 중 오지였습니다. 버려진 땅이었고, 불모의 땅이었고, 냉혹하고 어두운 땅이었습니다. 하지만 오늘날은 석탄, 석유, 천연가스, 각종 광물 등 풍부한 지하자원이 묻힌 보고입니다.

시베리아는 그 면적이 아시아 대륙의 4분의 1이 넘습니다. 전형적인 대륙성 기후여서 아주 냉랭합니다. 1월 평균기온이 영하 14도에서 영하 48도인데 영하 67도까지 내려간 적도 있다고 합니다. 여름 7월 평균기온이 북극 해안엔 12도, 서시베리아의 스텝 지방에선 23도입니다. 북부지방은 자동차의 기름이 얼어 순록경찰이나 순록부대를 운영하는 곳도 있다고 들었습니다. 연간 강수량은 북동쪽이 150mm, 남서쪽이 550mm로 매우 적습니다.

시베리아 북쪽은 영구동토대인 툰드라*와 침엽수림대 타이가**로 분포되어 있고, 남쪽은 삼림스텝지대로 토양이 비옥한 흑토여서 농사를 짓는 데 적합합니다. 삼림스텝지대는 시베리아 횡단철도가 통과하는 지역으로 많은 러시아인이 이주해 살고 있습니다. 요약하면, 북에서 남으로 툰드라 · 타이가 · 스텝 순으로 구분되어 있습니다.

스텝*** 지역에선 옥수수나 밀을 경작하고, 북쪽 야쿠트 지방에선 순록을 길러 모피를 얻습니다. 극동해역은 세계적인 어장으로 러시아 총 어획량의 절반 가까이를 담당합니다. 또 시베리아 삼림에서 벌채하는 목재량은 주요 수출품목으로 각광받고 있습니다. 크라스노야르스크를 중심으로 제재업과 펄프 · 제지업이 크게 발달한 것도 그런 이유입니다.

***툰드라**(tundra) 북극해 연안에 분포하는 넓은 벌판. 여름에도 땅거죽의 일부분만 녹아서 습지가 될 뿐, 대부분 얼음으로 덮임. 동야(凍野). 동토대(凍土帶). 동원(凍原).

****타이가**(taiga) 북부 유럽이나 시베리아 중부, 캐나다 등지의 아한대(亞寒帶) 지역에 분포하는 침엽수로 이루어진 삼림지대. 세계의 중요 삼림 자원을 형성함.

*****스텝**(steppe) 시베리아 서남부 등지에 있는, 나무가 자라지 않는 온대 초원지대.

시베리아의 오비·예니세이·레나 등 큰 강이 북극해로 흘러듭니다. 가을에서 이듬해 봄까지 결빙하고, 얼음이 녹는 봄부터 범람이 일어납니다. 강을 이용할 수 있는 시기는 여름 2~3개월뿐입니다.

예니세이강은 러시아 중부를 북류하여 북극해의 카라해로 흘러 들어갑니다. 원주민인 에벤키족은 이 강을 큰 강이란 뜻의 '요아네시'라 부릅니다. 시베리아는 이 예니세이강을 중심으로 서쪽을 서시베리아, 동쪽을 동시베리아로 편의상 구분합니다. 극동시베리아는 연해주와 하바롭스크, 캄차카주를 포함합니다.

사하 공화국은 야쿠티야Yakutia 공화국이라고도 하는데, 러시아 면적의 17.3%를 차지합니다. 한국과 비교하면 그 면적이 무려 30배에 이른다고 합니다. 이 지역을 지나는 거대한 레나강은 수많은 하천과 호수를 거느리고 있습니다. '호수 공화국'으로 불릴 정도인데, 그곳 원주민인 야쿠트족에게 호수가 몇 개냐고 물으면 '하늘의 별만큼'이라고 대답한다 합니다.

영토의 40%가 북극권에 위치한 영구동토 지역입니다. 겨울 최저온도는 영하 65도까지 내려가고, 여름 최고온도는 영상 35도까지 올라갑니다. 연평균 기온 차가 100도에 달합니다. 저 미지의 땅은, 얼마나 많은 신비가 감추어져 있을까요? 그것은 어느 누구도 가늠할 수 없는 비밀이 되어 그곳을 스쳐 가는 여행객들에게 무한한 상상을 펼치게 만듭니다.

그래서 시베리아 철도를 타고 북과 남을 번갈아 그려보고 상상하는 일은 아주 즐거운 일입니다. 어쩌면 남쪽은 역사적 현실이 빤히 들여다보이지만, 북쪽은 신비로운 세계가 동화처럼 존재합니다.

시베리아는 유형이고 문학이다

시베리아는 오랫동안 유형지였습니다. 17세기에 들어 러시아는 범죄자, 정치범 들을 시베리아로 유폐하는 정책을 폈습니다. 수용소는 범죄자들에겐 죽음의 집이었습니다. 도스토옙스키의 자전소설《죽음의 집의 기록》은 러시아 최초로 수용소 생활을 소재로 하고 있습니다. 초기엔 시베리아로 유배시키기 전, 죄수들을 태형이나 신체절단형에 처했습니다. 가령, 코담배를 불법으로 사용한 자에겐 코를 베어내거나 도둑질한 죄인에겐 손목을 자르는 형벌 같은 것이 그것입니다. 함무라비 법전에 있다는 유명한 문장 '눈에는 눈, 이에는 이'를 철저히 지켰던 셈입니다.

재미있는 것은 시베리아 최초의 유배는 우글리치시의 한 사원에 있던 종Uglich Bell이었습니다. 이것을 러시아 사람들은 '드미트리의 종鐘'이라 부릅니다. 이 종이 혀가 잘리고 채찍질 체형을 당한 후 시베리아로 추방된 것은 역사적으로 전무후무한 일입니다. 그것엔 다음과 같은 정치적 사건이 배후에 숨어 있습니다.

황세자 드미트리는 이반 4세의 늦둥이 아들로 태어납니다. 드미트리가 두 살 때, 아버지 이반 4세가 갑작스레 사망합니다. 이에 이반 4세의 최측근인 보리스 고두노프가 정권의 실세로 등장하게 되고, 고두노프는 황세자 드미트리를 어머니 마리아 나가야와 함께 우글리치로 유배시킵니다. 그러던 어느 날 드미트리는 갑자기 아홉 살의 나이로 사망합니다. 의문의 죽음에 우글리치 주민들이 동요하게 되고 마침내 폭동이 일어납니다. 암살자로 의심받은 사람들을 찾아내어 폭행하고, 시 관료들을 죽이기까지 했습니다. 그때 연속으로 울린 것이 우글리치 사원의 종소리였다고 합니다.

보리스 고두노프는 심복인 바실리 슈이스키를 우글리치로 파견합니다. 그는 드미트리의 죽음은 암살이 아니라 사고사라는 것을 밝혀냅니다. 드미트리와 같이 있었다는 아이들이 그것을 증언한다고 했습니다. 하지만 그 증인인 아이들의 인적사항은 비밀에 부쳐졌습니다. 이 조사의 결과로 폭동을 일으킨 수백 명의 주민이 시베리아로 추방되었습니다. 그런데 이때 우글리치 종에게도 형이 가해졌습니다. 아마도 종을 쳤던 종지기를 찾지 못했던 모양입니다. 종에게까지 형벌을 내려 추상같은 위엄과 공포심을 조성하려는 목적이 더 크게 담겨 있을 것입니다.

판결은 혀(종의 추)를 자르고 12대의 채찍질을 가하라는 형이었습니다. 종에게 인격체를 부여하여 가혹한 형벌을 내렸습니다. 죄목은 선동죄였습니다. 계속 요란한 종을 울려 군중을 흥분케 하고 폭동을 선동한 죄를 범했기 때문입니다. 종은 그 즉시 먼 시베리아로 추방되었고, 어찌어찌하여 알래스카로 갔던 종이 우글리치로 돌아온 때는 1982년, 390년 만의 일입니다. 이 종은 우글리치로 돌아와 현재 성드미트리 교회에 안치되어 있다고 합니다.

사실 이 사건의 배후엔 보리스 고두노프가 있습니다. 역사가들의 말로는, 희한하고 해괴한 종의 처벌은 드미트리 사망의 진실을 덮기 위한 보리스 고두노프의 주도면밀한 계획이 숨겨져 있다는 겁니다.

그 후 신체부위를 절단하고 체형을 가하는 형벌은 차츰 사라지고 시베리아에서 가혹한 중노동을 시키는 강제노동수용소가 생겨났습니다. 시베리아엔 이 중죄인들의 고된 노역으로 철도가 놓이고, 벌목과 채광採鑛을 하고, 제재소와 제련소가 생기고, 큰 도시가 형성되었습니다. 대표적으로 '시베리아의 파리'라 불리는 이르쿠츠크는 데카브리스트들(12월혁명당원)이 유배되어 번성한 도시입니다.

이 유배형은 독특한 면이 있습니다. 유배지엔 중노동을 하는 죄수들뿐만 아니라 스스로 그 죄수를 따라 온 배우자나 가족들이 있었습니다. 또한 죄수들을 감시하고 관리하는 일을 맡은 '유배지에 갇힌 사람들'도 유형수나 다름없는 생활을 했습니다. 형기를 채우면 그 지역 군대에 강제 편입되어 군인으로 복무하는 죄수도 많았습니다. 대표적인 예가 도스토옙스키입니다. 그는 28세 때 정치범으로 체포되었습니다. 벨린스키의 〈고골에게 쓴 편지〉를 낭독한 죄입니다. 벨린스키의 편지를 낭독할 때 고개를 끄덕인 폴란드인도 중형을 받았습니다.

도스토옙스키는 사형선고를 받았으나 황제의 칙령으로 살아나 시베리아 옴스크로 유배됩니다. 황제의 자비는 위대하다는 각본에 따라 취해진 조처였습니다. 도스토옙스키는

4년의 중형을 받고 5년 동안을 군대에서 보냈습니다.

시베리아 유형에서 풀려난 도스토옙스키는 도박을 좋아해 빚에 쪼들려 살았습니다. 선금을 받고 마감에 쫓기듯이 원고를 썼습니다. 지병인 간질이 그를 괴롭혔습니다. 간질은 시베리아 유형기간 동안에 얻은 병입니다. 시베리아는 죽음과 악마, 지옥의 냄새, 공포와 인간본성의 파멸을 의미했습니다. 그런 경험을 바탕으로 시베리아 유형 생활에 대한 최초의 책을 썼습니다.《죽음의 집의 기록》이 그것입니다. 아내를 죽인 한 남자가 수용소 생활 10년을 회고하는 소설입니다. 톨스토이와 투르게네프는 이 소설을 도스토옙스키 최고의 걸작이라며 극찬했습니다.

1890년 안톤 체호프는 시베리아를 마차로 횡단합니다. 연해주에 인접한 극동의 사할린섬엔 수용소가 있습니다. 그곳 수형인들을 체호프는 목격하게 됩니다. 체호프는 석 달간 머무르면서《사할린섬》을 썼습니다. 책엔 당시 수형인들의 삶이 꼼꼼히 묘사되고 기록되어 있습니다. 족쇄를 차고 거적을 덮고 잠이 든 모습이 재현되어 있고, 수형인들이 일할 때 사용하는 연장들이 사할린 안톤 체호프 박물관에 전시되어 있습니다.

시베리아 유배형은 정치범들에겐 단골메뉴와도 같았습니다. 레닌과 스탈린도 예니세이강 유역으로 유배를 떠난 적이 있습니다. 스탈린은 그때 경험을 바탕으로 강제수용소 '굴라크'를 만듭니다. 가혹한 중노동으로 악명이 높았던 이 수용소는 러시아 곳곳에 세워졌습니다. 굴라크는 1930~40년대 러시아 산업의 큰 축을 담당했습니다.

스탈린이 만든 수용소 '굴라크'에 솔제니친이 복역했습니다. 친구에게 보낸 편지에 스탈린에 대한 불손한 이야기가 담겨 있다는 이유로 그는 체포되었습니다. 그는 당시 포병장교였고 1945년부터 1953년까지 수용소 생활을 했습니다. 후에 그는 수용소 생활을 체험으로 쓴 소설로 노벨문학상을 받습니다.

《이반데니소비치, 수용소의 하루》는 1962년에 발표되어 세계적인 베스트셀러가 되었습니다. 수용소의 하루를, 절제되고 억제된 필치로 담담히 그려낸 이 소설은 냉정한 시선으로 유머러스하게 묘사되어 있습니다.

엄하고 고된 수용소 생활 속에서도 유머를 잃지 않는 이 소설은 전 세계 독자들을 사로잡았습니다. 수용소에서 일어난 사소한 일에도 행복을 느끼는 이반데니소비치 슈호프. 그런 그에게서 사람들은 자신의 현재를 들여다보게 되었을 겁니다.

하루를 무사히 보냈다는 안도감에 차라리 행복감을 느낀다는 이 소설은 소련사회의 암울함을 전 세계에 알리는 계기가 되었습니다. 나중에 솔제니친은 《수용소군도》를 연이어 발표합니다. 이 소설로 1973년 2월 솔제니친은 결국 소련에서 국외추방을 당합니다.

시베리아는 거대한 곰처럼 숨을 쉽니다. 시베리아엔 고통 속에 움트는 생명력이 있습니다. 때로는 쉽게 꺾이고 때로는 강인하게 버팁니다. 시베리아는 유형의 땅이었고, 강제이주의 땅이었으나 그 고통을 차가운 별처럼 받아들였습니다. 이제 시베리아는 우리가 거쳐야 할 길입니다. 시베리아는 우리 앞에 펼쳐진 미지의 세계이자 현실이기 때문입니다.

움직이는 사회

열차는 움직이는 작은 사회입니다. 손님은 열차의 주인이자 객입니다. 차장은 손님의 편의를 도모하는 일을 합니다. 철도경찰은 열차의 치안을 담당하는데, 아주 가끔 눈에 띕니다. 객차 안의 위험물질을 탐색하고 승객이 추태를 부리거나 범죄를 저지르면 즉시 제압하는 일을 맡습니다.

저희 '희망래일' 팀은 객차 한 량을 통째로 배정받았습니다. 2등 객차인 쿠페입니다. 객실은 모두 8개인데 4인이 한 방을 쓰게 되어 있습니다. 그러니까 32명의 자리가 꽉 차야 하는데 저희 인원은 31명입니다. 한 자리가 남습니다. 하지만 남는 게 아닙니다. 다른 승객이 승차하면 그 자리가 그분의 자리가 되기 때문입니다. 저는 허영, 박성호 작가와 세 명이서 한 방을 쓰게 되었습니다. 2층 침대 하나는 허영이 썼습니다. 이르쿠츠크까지 가는 동안 저희 6호실은 남은 자리 하나가 늘 비어 있었습니다.

6호실 쪽에서 복도 오른쪽 끝으로 차장실이 있습니다. 그 앞에 뜨거운 물이 나오는 스테인리스 통이 놓여 있는데, 이것을 '사모바르'라고 불렀습니다. 원래 사모바르는 러시아 전통차를 끓이는 주전자를 말합니다.

이 물통은 라면을 끓이거나 인스턴트 식품을 조리해 먹는데 필수적입니다. 식당은 멀리 떨어져 있고 식당 차림표에도 종류가 그리 많지 않습니다. 게다가 비싼 편이고 맛도 그저 그래서 잘 이용하지 않습니다. 대부분은 가져온 식량으로 해결합니다. 그리고 기차가 서는 역마다 러시아 아낙네들이 나

사모바르는 러시아 전통차를 끓이는 주전자를 말합니다.

와 있어 그분들에게 음식을 사 먹곤 했습니다.

차장실 반대편 끝에는 화장실이 있고, 휴대폰을 충전하는 자리가 마련되어 있습니다. 세면대와 변기가 함께 자리하고 있어 아침엔 줄을 설 경우가 많습니다. 신기한 것은 세면대입니다. 수도꼭지를 손바닥으로 밀어 올려야 물이 나옵니다. 손바닥을 놓으면 물줄기가 멈추게 되어 있습니다. 한 손으론 수도꼭지를 밀어 올린 채 다른 한 손으론 얼굴에 물을 살짝 묻힌다 싶을 정도로 세수를 했습니다. 대충 눈곱만 씻는다는 말이 틀린 말이 아니었습니다. 머리를 감는다는 건 엄두도 못 낼 일입니다. 저는 미리 블라디보스토크에서 샤워를 하고 왔기에 머리를 감지 않아도 충분히 견딜 수 있었습니다.

묘안을 짜낸 여행객은 골프공을 가져와 세면대 구멍을 막아서 썼습니다. 머리를 수건으로 문지르며 나오는 모습은 부러움을 사기에 충분했습니다. 하지만 그것도 눈총을 받을 일입니다. 사람들이 죽 대기하고 있는데 시간을 마냥 끌 수야 없지 않겠습니까? 그래서 대개는 한밤중에 머리를 감곤 합니다.

이런 화장실과 세면대도 역에 다가가기 10분 전에 승무원이 와서 문을 잠급니다. 용변을 보게 되면 그 오물이 역사 철로에 그냥 버려지기 때문이랍니다. 물론 열차가 역을 떠난

지 10분 후에 화장실 문은 승무원이 와서 다시 자물쇠를 풀어줍니다.

그런데 저희에겐 아주 큰 혜택이 가끔씩 주어졌습니다. 이따금 차장이 차장실을 비울 때가 있습니다. 차장실 세면대 수도꼭지를 틀면 물이 콸콸 잘 쏟아졌습니다. 아, 이런 곳도 있구나. 저희는 감탄을 하며 마음껏 세수도 하고 머리도 감곤 했습니다. 차장이 문의 자물쇠를 채우지 않고 나갔기 때문입니다. 차장이 슬쩍 자리를 비워준 것이 분명합니다.

실제로 저는 차장과 눈이 마주쳤던 적이 있습니다. 차장은 싱긋이 웃었습니다. 저는 "고맙습니다" 하고 우리말로 인삿말을 건넸습니다. 아마도 이규영 박사가 협상을 잘한 결과일 겁니다. 대체 어떻게 구워삶아 놨기에….

희망래일 팀이 머무는 객차 차장은 중년의 여성입니다. 차장은 승차하는 승객의 차표를 점검하거나 필요한 물품을 승객에게 지급하는 일을 합니다. 또 매일 객실 방을 청소하고 각종 과자류나 음료수를 팝니다. 승객은 차장과 친해지는 것이 좋습니다. 차장은 실내 아침청소가 끝나면 정장을 하고 객실을 정리한 다음 초콜릿을 바구니에 들고 나타납니다. 우린 최대한 미소를 지으며 초콜릿을 삽니다. 아니 의례적으로 사는 것이라 해야 옳습니다. 스파시바!(감사합니다) 한마디 인사를 하면 더욱 친밀해집니다. 저는 그 스파시바가 어쩐지 욕설만 같아서 그냥 우리말로 "고맙습니다" 인사를 올렸습니다. 그러면 차장도 미소를 짓곤 했습니다. 서로의 융통성과 친근감은 그런 속에서 싹이 트는 법입니다.

열차 생활이 끝나는 날, 우리는 차장에게 350루블을 주었습니다. 팁이 아닙니다. 변상입니다. 복도 창턱에 놓아둔 바다빛 테이블보가 감쪽같이 사라졌기 때문입니다. 맥주를 엎질렀던 탓에, 테이블보를 말리느라 복도 창턱에 놓아둔 것이 잘못이었습니다. 차장에게 교환해달라고 요구하거나 실내에서 테이블보를 말리거나 해야 했습니다.

첫날 차장으로부터 지급받은 물품(베갯잇, 침대 커버, 테이블보, 수건)이기 때문에 내릴 때 당연히 반납해야 합니다. 분실 책임은 저희에게 있습니다. 젖은 테이블보를 누군가 가져간 게 틀림없습니다. 혹시 차장이 가져다 놓고 시치미를 떼는 건 아닐까 하는 의심도 들었습니다. 하지만 그건 차장에 대한 인격모독입니다. 그래서 광범위하게 여러모로 생각해 보았습니다. 마치 오리엔트특급열차 살인사건을 수사하듯 우린 추리를 거듭했건만 아무 단서도 찾을 수가 없었습니다.

한국에 돌아가면 수사팀을 꾸려 다시 찾아와야겠다는 다

짐을 나누며 우린 유쾌히 웃었습니다. 다시 올 핑계를 마련한다는 것이 허접한 테이블보 찾기여서 조금은 민망했지만요. 조그만 사건이지만 물품 간수는 잘해야 한다는 걸 배웠습니다. 그러나 바이칼의 올혼섬을 다녀오고 난 후, 정말 큰 도난사건이 우리에게 닥쳐올 줄 어찌 알았겠습니까. 그 이야기는 나중 이르쿠츠크 편에서 언급하려고 합니다.

북어의 등뼈

객차 안에서 술을 마시거나 담배를 피우는 것은 원칙적으로 금지되어 있습니다. 술은 차장이 판매하는 맥주만 허용됩니다. 하지만 술을 마셔도 소란을 피우지만 않는다면 그냥 눈감아 주는 게 관례인 듯했습니다. 저희 객차 안은 모두 희망래일로드 팀이기에 아주 편했습니다. 매일 저녁이면 조용한 파티가 열리곤 했습니다. 그래서 열차는 달리는 카페가 되곤 했습니다.

저마다 객실 안에서 이야기꽃이 만발했습니다. 시베리아의 별들이 스쳐 지나가는 창을 이따금 내다보며 아무 이야기든 꺼냈습니다. 술이 한 잔 한 잔 비워지면서 얼굴마다 미소가 지어지곤 했습니다.

탁자엔 풋고추와 볶은 고추장, 북한산 북어, 포도, 소시지가 놓였습니다. 박성호, 신영호 부부가 가져온 북한산 북어는 크기가 실하고 맛이 일품입니다. 먼 옛날 저 북어는 명태라는 이름으로 동해바다를 누볐을 것입니다. 퀭하고 딱딱한 눈, 미라처럼 말라버린 북엇살, 막대기처럼 뻣뻣한 꼬리, 꽉 다물어진 이빨, 숨구멍이 폐쇄된 아가미, 화석이 된 대가리…. 저흰 대가리와 지느러미, 껍데기만 남기고 정말 북어의 살을 짝짝 찢어서 다 먹었습니다. 불현듯 푸른 원산 앞바다가 떠올랐습니다.

양명문의 시 〈명태〉, 변훈 작곡의 이 노래를 모르는 사람은 아마 없을 겁니다. 오현명 님의 굵직한 베이스 음으로 유명해진 노래입니다. "어떤 외롭고 가난한 시인이 밤늦게 시를 쓰다가 소주를 마실 때 그의 안주가 되어도 좋다." 슬픈 현실을 해학적으로 표현한, 시인의 절절한 시요 노래입니다. 우리는 가볍게 노래를 흥얼거리며 보드카를 마셨습니다. 이 방 저 방을 돌아다니던 방랑주객이 이따금씩 들러 다른 방 소식을 전해주곤 했습니다.

거대한 명태 한 마리가 찢어지고 씹혀서 제 몸 하나를 완전히 비웠습니다. 등뼈만 남은 명태 한 마리가 바다 밑을 헤엄치며 어디론가 가는 모습이 그려졌습니다. 저는 등뼈만 남은 명태의 길을 가만히 생각해보았습니다. 북어가 다시금 명태가 될 수는 없는 일입니다. 하지만 어쩐지 제 상상의 바다에선 싱싱한 북어가 유유히 헤엄치고 있을지도 모를 일입니다.

육신을 말리고, 육신을 내어주어 등뼈만 남은 저 북어처럼 그렇게 저 자신을 비울 수 있을까요?

복도

열차의 복도는 좁습니다. 마주 오는 두 사람이 서로 지나칠 때는 옆으로 비켜서 가야 합니다. 복도는 길입니다. 이 복도를 통해서 사람들이 이동합니다. 모든 길은 로마로 통한다는 말과 같이 열차 안의 사람들은 단 하나의 긴 복도를 통과해야 합니다.

뜨거운 물을 담으러 갈 때, 화장실로 바삐 종종걸음을 칠 때, 이웃 동료의 방을 방문할 때, 식당을 가기 위해 이 객차에서 저 객차로 건너갈 때, 복도는 언제나 길을 내어줍니다. 또한 복도는 객실 안이 답답하여 잠시 나와 밖을 내다볼 때, 해돋이와 일몰을 볼 때, 비 오는 들판을 구경할 때, 친구끼리 소곤소곤 이야기를 나눌 때 낭만의 공간이 됩니다. 그것은 나른한 휴식이 되기도 하고 마음의 통로가 되기도 합니다.

어느 땐 낯선 이를 만나 이런저런 이야기를 나누기도 합니다. 같은 방향을 향해 함께 간다는 것은 스쳐서 지나는 인연 일망정 그만큼 소중한 인연입니다. 어떤 계기로 아주 잠깐 이야기를 나눌 때가 있습니다. 그러면 그 사람의 표정과 말씨를 자신의 마음속에 받아들이게 되고, 헤어질 때는 무언중 다음을 기약하게 됩니다. 그렇게 사소한 만남과 이별이 열차의 통로에선 아주 짧게 진행됩니다. 그런데 참 묘한 것은 그 짧은 순간이 평생 기억 속에 남는다는 사실입니다.

우린 때로 혼자가 되어 망연히 창밖을 내다볼 때가 있습니다. 아무 생각 없이 바라본다는 일, 그것은 자기 안의 고독한 여행에로 귀의하는 일입니다. 어쩌면 그건 구도자가 걷는 숭고한 순례의 길일지도 모릅니다. 구도란 아주 평범한 것이기 때문입니다. 구도자의 길은 그렇게 순리에 몸을 맡기는 자연스런 무엇일 것입니다. 그래서 복도는 정다운 사교의 장이기도 하고 깊은 사색의 길이기도 합니다.

회랑이란 말을 들어본 적이 있으실 겁니다. 사원을 에워싸고 사원과 사원을 연결하는, 지붕이 있는 긴 복도. 그 복도를 걸어본 분이라면 경건히 마음 자세를 가다듬어 옷깃을 여미게 됩니다. 스님들이 회랑을 걸을 때는 발뒤꿈치를 살짝 들고 발끝으로 천천히 걷습니다. 그 걸음이 진리와 자아를 찾는 수행의 한 과정이라고 들었습니다.

비록 달리는 열차 안의 복도이지만 이 복도는 열차의 정맥과도 같은 존재입니다. 이 열차 안 복도에서 〈고향의 봄〉 노래가 들려옵니다. 아름다운 번개합창단이 삽시간에 꾸려졌을지도 모릅니다. 객실 방문을 열고 나가 보니 여성분들이 합창을 하고 있었습니다. 창밖으론 오후의 석양이 붉었습니다. 객실 방마다 문이 열려 있습니다. 모두들 귀를 기울이고 있는 게 분명합니다. 의기투합한 여성합창단은 세 분입니다. 객실과는 등을 지고 창밖 석양빛에 발갛게 물든 세 분. 그 장미꽃이 조금씩 흔들리면서 노래를 합니다. 어찌나 화음이 아름다운지 모두들 숨을 죽이고 있습니다.

〈과수원길〉과 〈오솔길〉과 〈아침이슬〉이 연속으로 흘러나옵니다. 이토록 아름다운 즉석 공연을 저는 본 적이 없습니다. 그리하여 이 노래들은 지금도 제 가슴에 잊을 수 없는 감동으로 남아 있습니다.

식당으로 가는 길

열차식당에서 식사를 한다는 것은 아주 특별한 일입니다. 영화 〈오리엔트특급열차〉의 멋지고 고급스런 식당은 아니더라도 시베리아 횡단열차 식당에서 스테이크를 자르며 창밖 풍경을 내다보는 일은 누가 뭐래도 설레는 일이 아닐 수 없습니다.

매끼마다 스테이크를 자를 순 없지만 커피 한 잔, 가벼운 식사 한 끼 정도는 하고 싶은 마음이 왜 없겠습니까. 저희는 용기를 내어 객차의 출입문을 열었습니다. 객차와 객차를 잇는 공간이 갑자기 요란한 바퀴소리로 시끄러워졌습니다. 그렇게 한 칸 한 칸 이국異國의 객차 복도를 지나쳐 갔습니다. 그런데 저희 객차 구성원만 한국인이었고, 다른 객차는 여러 나라 여행객들이 섞여 있었습니다. 하지만 대부분은 러시아인들이었습니다.

어느 객차는 아주 더웠습니다. 2등 객차임에도 냉방기가 작동이 안 되는 모양이었습니다. 복도 양쪽 끝 출입문은 모두 열려 있습니다. 바람을 통과시켜 더위를 조금은 식힐 수 있기 때문입니다. 모두들 러닝셔츠 차림입니다. 객실 문도 활짝 열려 있습니다. 부채질을 하는 사람도 있고, 러닝셔츠를 가슴까지 말아 올린 사람도 있습니다. 어떤 분은 아예 웃통을 벗은 알몸이었습니다. 냉방기가 작동이 안 되어도 승무원들은 태평합니다. 누구 하나 달려와서 수리하는 모습을 볼 수가 없습니다. 태평한 것은 승객도 마찬가지입니다. 어떤 항의도 제기하지 않는 듯한 표정입니다. 그래? 뭐, 재수가 없으려니 냉방 꺼진 칸을 골랐군그래, 하는 투의 자포자기 같은 심정이었을지도 모릅니다.

저희가 묵는 객차의 모든 방은 냉방이 쾌적하게 잘 가동되고 있습니다. 어쩐지 행운이란 생각도 들었고 괜히 이 불편한 분들에게 미안한 마음이 들기도 했습니다. 한 열차에서 환경이 달라도 너무나 다른 광경입니다. 한국이라면 이런 불합리가 가능했을까요?

공산주의에 오래 길들여진 습성이 몸에 밴 탓일까요? 아니면 열악한 철도환경과 경직된 경영 탓일까요? 그도 저도 아니면 변화가 아주 느린, 폐쇄적인 정치구조와 사회구조 때문일까요? 우린 지금 느린 열차 속에 있습니다. 그렇게 변화가 느린 러시아의 과거 속을 달리고 있는 것입니다.

그런데 복도 저쪽 끝에서 제 귀에 익숙한 노래가 들려왔습니다. 제가 유일하게 부를 줄 아는 〈카츄사〉가 아닙니다. 아 그 소리 제가 유튜브로 즐겨듣는 〈변화〉입니다. 허스키한 목소리를 저는 똑똑히 기억합니다. 한인 3세 빅토르 최가 부른 노래 〈변화〉. 러시아 청년들의 마음을 단숨에 사로잡은 노래.

그렇게 우리는 무언가가 바뀌는 것에 겁을 먹는다. 변화! 우리의 가슴은 원한다. 변화! 우리의 눈은 원한다. 우리의 웃음과 눈물 그리고 정맥의 맥박 속에 변화! 우리는 변화를 손꼽아 기다린다!

새로운 갈망과 절규가 되어 러시아 전역을 열광케 했던 노래입니다. 앞에서도 언급했지만 빅토르 최가 죽은 지 30년이 되었습니다. 그럼에도 그의 노래와 그의 시는 아직도 러시아의 심장 한가운데 용광로처럼 끓고 있습니다. 빅토르 최는 아프가니스탄 내전이 한창인 때 젊은 시절을 보냈습니다. 아프가니스탄 내전에 깊숙이 개입한 소련은 젊은이들을 죽음으로 내몰았습니다. 아무 의미 없는 이 전쟁은 미국의 베트남전쟁 참전과 아주 흡사했습니다.

전쟁은 1989년에 끝났습니다. 그리고 빅토르 최는 28세의 나이에 죽었습니다. 그는 소련사회의 부조리에 끊임없이 저항했습니다. 그의 시와 노래는 소련사회가 지닌 억압과 획일, 경직된 구조의 문제점을 드러내는 계기가 되었습니다. 빅토르 최의 노래는 그런 러시아인들의 메마른 영혼에 단비를 뿌렸습니다. 그의 노래는 러시아 젊은이들 사이로 번져나갔습니다. 러시아 인민들은 진정한 변화를 원하기 시작했습니다.

저는 복도 끝에서 노래를 불렀던 러시아인에게 다가가 이렇게 물었습니다.

한국계 러시아 록가수이자 영화배우 빅토르 최.
그가 리더로 활약한 록그룹 키노(KINO)는 밀리언셀러를 기록했고,
현재까지 사랑받고 있습니다.

"빅또르 쬬이?"(러시아 사람들은 그를 그렇게 부른다고 했습니다.)

그러자 그 사람은 얼른 환한 미소를 지으며 엄지를 치켜세웠습니다. 저는 이 열차에도 빅토르 최의 숨결이 숨 쉬고 있다는 걸 확인할 수 있었습니다. 빅토르 최의 노래를 어떤 이는 '분노의 성찰'이라 불렀습니다. 다소 철학적인 표현이지만 수긍이 되는 말입니다.

100년 전 이 시베리아 철로를 타고 빅토르 최의 할아버지가 중앙아시아로 실려 갔습니다. 그리고 훗날 그의 손자는 러시아의 위대한 음유시인이요 가인歌人이 되었습니다. 그는 러시아 사회를 변화시킨 인물로 러시아인들의 가슴속에 영원히 남아 있습니다.

식당 메뉴

207열차의 식당 문을 열자 양쪽 창가로 테이블이 죽 놓여 있고 의자들은 모두 비어 있었습니다. 손님이 왔던 흔적이라곤 찾아볼 수가 없었습니다. 메뉴를 보았더니 다양한 차림이 준비되어 있습니다. 이것저것 하나하나 먹어보자며 주문을 했습니다. 그러나 모두 준비가 안 되있다는 겁니다. 도대체 차림표가 왜 필요한 걸까 의심스러웠습니다.

그럼 뭐가 되느냐고 물었더니 다음과 같은 메뉴가 가능하다고 했습니다. 이 열차의 식당엔 오로지 몇 가지 음식만이 가능한 듯 보였습니다. 반半건조 오징어, 볶은 통조림콩, 파스타, 손바닥 절반 크기의 스테이크, 양파버섯볶음, 튀긴 감자, 오이, 파프리카 볶음 등. 이것이 저희가 먹은 음식의 전부입니다. 이런 정도는 저희가 가져온 음식과 별반 다를 것이 없습니다.

하루에 몇 손님이 이곳을 찾을지 궁금했습니다. 주방장과 서빙을 하는 아가씨는 미소를 싹 지워버린 사람 같았습니다. 그렇다고 무서운 표정도 아니었습니다. 낯선 동양인이 한꺼번에 몰려왔으니 그들로선 어리벙벙했을 터입니다.

궁리 끝에 저흰 이 식당에서 몇 가지 음식을 주문한 다음 안도현 시인의 문학 강의를 듣기로 했습니다. 이후 식당은 희망래일 팀원끼리 이야기를 나누는 장소로 요긴하게 사용되었습니다. 인형극 부부는 인형극 이야기를, 교수님은 고려인 강제이주 역사 이야기를, 문화기획자는 문화 이야기를, 여행가는 시베리아의 종교와 샤먼과 한국인의 뿌리를 이야기했습니다.

드디어 아주 맛있는 요리가 이 식당에 등장하게 되었습니다. 저는 메뉴 빈칸에 '희망래일로드 인문학요리'라는 이름을 마음속으로 선명하게 적어 넣었습니다. 이 식당에 메뉴 하나가 더 첨가된 셈입니다. 어느 날 낯선 여행객이 메뉴판을 들여다보다 그걸 발견한다면 어떤 미소를 짓게 될지 자못 궁금해집니다.

역역역역

블라디보스토크에서 이르쿠츠크까지 가려면 55개 역을 지나쳐야 합니다. 시발역인 블라디보스토크와 저희가 닿아야 할 종착역인 이르쿠츠크를 합하면 모두 57개 역입니다. 그중 15분 이상을 정차하는 역이 8개 역이고, 30분 이상을 정차하는 역이 5개 역입니다. 나머지 역들은 1~2분씩 잠깐 머물다 지나갑니다. 우리나라 간이역 같은 조그만 역들입니다. 그만한 시간이면, 승객이 타고 내리는 데 충분한 시간입니다. 그렇게 잠깐 머무는 역은 내리는 사람도 타는 사람도 없을 경우가 많습니다. 어쩌다 한두 사람이 타고 내리면 그 사람을 눈여겨보게 됩니다. 홀로 텅 빈 플랫폼에 서서 열차를 기다리는 모습, 홀로 빈 역에 내려 역사 바깥으로 사라지는 모습은 제 기억 속에 지금도 실루엣이 되어 오래오래 남아 있습니다.

시베리아의 별

캄캄한 밤을 열차는 달립니다. 주먹 같은 별들은 지상으로 제 몸을 던집니다. 모두가 잠든 밤입니다. 소등이 된 지 오래입니다. 복도에만 불이 켜져 있고 적막이 보초를 서고 있습니다. 별의 침묵이 내려와 고독한 열차의 질주에 귀 기울입니다. 열차 바퀴가 레일에 부딪는 소리가 밤의 허공을 울려 조용히 별을 흔듭니다. 별들은 더욱 몸을 떨어 빛을 냅니다. 나는 가야 할 곳이 있습니다. 아무르강을 지난 지 얼마입니까. 나는 가야 할 곳이 있습니다. 평야와 자작나무 숲을 지난 지 얼마입니까. 흔하지 않은 터널을 지난 지 얼마입니까. 그래도 연속되는 것은 어두운 평야와 어두운 숲뿐입니다. 강제 이주로 떠나는 고려인들의 불안이 엄습합니다. 겨울 들판에 버려져 죽음을 맞이하던 분노와 좌절과 그 고독을 생각합니다. 생의 깊이가 너무나도 얕고 하찮음에 울지도 못한 밤. 그 혹독한 시베리아의 밤을 생각합니다.

시린 별들은 시베리아에서 죽습니다. 아니 시베리아에서 마지막 유언처럼 몸을 묻습니다. 시베리아만이 별들의 몸을 시리게 받아들일 수 있습니다. 곤히 잠든 작은 마을을 지나 멀고 깊은 도시를 향해 밤 열차는 달립니다. 별은 지평선 너머에서 그 길을 안내합니다. 유형을 떠나는 도스토옙스키의 밤이 이러했을까요?

어느 작은 역에서의 정차. 새벽 플랫폼에서 발걸음을 재게 놀려 역사驛舍를 빠져나가는 메마른 소녀. 손에는 가방을, 등엔 배낭을 짊어진 키 큰 중년 남자의 실루엣. 역사를 지키는 몇 개의 희미한 가로등. 그것을 스쳐 빠져나온 열차는 다시 캄캄한 어둠 속에 몸을 던집니다. 별들만의 세계가 다시 시작되는 것입니다. 들판이 짐승처럼 엎드려 있습니다. 검은 숲도 노란 마타리도 잠이 든 모양입니다.

새벽이 올 때까지 늑대의 눈은 더욱 푸르게 빛날 것입니다. 자작나무와 침엽수림은 더욱 깊어질 것이고 두 줄기 레일은 끝 모르게 어둠 속 길을 이을 것입니다. 별은 이 모든 것을 눈물겹게 감싸고 자신을 조용히 들여다봅니다. 별은 그렇게 존재하고 소멸하여 무가 됩니다. 그리고 또 다른 미지의 별로 생성되는 것입니다.

빈 마을

블라디보스토크 시간으로 19시 10분에 출발한 207열차는 우수리스크역과 루지노역, 바젬스카야역을 통과하여 하바롭스크역에 닿았습니다. 밤에 떠난 열차는 아침부터 비 오는 벌판을 지나야 했습니다. 우수리스크를 지나 무치나야 작은 역을 통과할 때 밤하늘에서 구름 틈새로 주먹 같은 별이 쏟아졌습니다. 그리고 이내 하늘이 흐려지더니 아침부터 비가 뿌리기 시작했습니다. 비 오는 벌판은 바젬스카야역에 도착했을 때도 계속되었습니다. 그런데 두 시간 뒤, 하바롭스크역 하늘은 언제 흐린 적이 있었냐는 듯 청옥靑玉빛으로 맑았습니다. 하얀 뭉게구름이 항모航母처럼 낮게 떠서 우리를 반겼습니다.

원래 하바롭스크에선 40분 정차로 되어 있었는데 시간이 연장되어 여행객들은 1시간을 광장에서 즐겁게 보냈습니다. 그리고 아무르강을 건넌 열차는 아무르를 버리고 야블로노비산맥을 따라 서쪽으로 달렸습니다. 하바롭스크에서 이르쿠츠크까지 가려면 2박을 열차에서 더 보내야 합니다. 유대인 자치주인 비로비잔을 지나 오블루체역에 닿을 때까지 6시간 동안 6개의 역을 통과했습니다. 이름 모르는 역들은 모두 벌판에 버려진 양처럼 쓸쓸해 보였습니다. 어떤 역은 미국 서부영화에 등장하는 황량한 마을 입구 같았습니다.

그래도 이 대지엔 이름 모르는 꽃들이 다투어 피어나고 있었습니다. 버드나무 숲이 우거진 사이로 작은 강이 흘렀습니다. 자작나무 숲은 바람이 불면 몸살을 앓듯 몸을 떨었습니다. 나무들이 모두 연필처럼 가늘었습니다. 어느 자작나무 숲은 모두 고사枯死되어 메말라 있었습니다.

거대한 대지는 그렇게 지루하게 전개되었습니다. 이따금 나타나는 마을이 얼마나 반가웠는지 모릅니다. 하지만 사람들을 찾아볼 수가 없었습니다. 도시 사람들의 별장인 다차엔 휴일이 아니어서 사람이 없었습니다. 마을을 이루고 있는 곳엔 노인도 어린아이도 아낙네도 눈에 띄지 않았습니다. 참 신기한 일입니다. 성냥갑 같은 마을에 살고 있는 주민들은 다 어디로 간 것일까요. 집들과 집들만이 남아 골목을 사이에 두고 조용히 누군가를 기다리고 있었습니다. 이렇게 침묵의 마을을 수도 없이 지나치면서 저는 가만히 마을의 소리에 귀를 기울여보곤 했습니다. 하지만 하나같이 고요했습니다.

그런데 오블루체역에 열차가 정차했을 때 어디선가 홀연히 아낙네들이 나타났습니다. 아니, 오고가는 모든 열차를 플랫폼에서 기다리고 있었던 게 분명합니다. 녹색 오이와 붉은 순무를 바구니에 담은 아낙네도 있었고, 훈제된 생선과 소시지, 닭고기튀김을 가져온 할머니도 있었습니다. 아이스크림을 파는 여인, 찐만두나 도너츠 등을 내놓는 아낙도 있었습니다. 어쩌면 지나쳐온 빈 마을의 주민들이 여기에 다 모여든 듯했습니다. 그래야 고작 일고여덟 분의 아낙네일 뿐인데도 여행객들은 반갑게 웃으며 필요한 물건들을 샀습니다. 단 15분의 번개장은 그렇게 끝났고, 열차는 다시 쇠바퀴 소리를 내며 떠났습니다.

정다운 식탁

여행을 하게 되면 절약이 몸에 배게 됩니다. 그건 자연스러운 현상입니다. 되도록 경비를 아껴 써야 합니다. 숙박은 깨끗하고 값싼 곳에 들고, 식사는 적정한 가격에 만족할 만한 메뉴를 찾아내야 합니다. 그것이 여행객들로선 늘 고민입니다. 어쩌면 그런 고된 미로찾기가 여행의 즐거움인지도 모릅니다. 어느 골목에 가면 피자를 잘한다더라, 어느 거리 모퉁이 가게엔 커피가 맛있다더라 하는 정보도 사전에 알아두면 좋겠지만, 아주 낯선 곳에서 아무것도 모른 채 부닥치는 재미도 제법 쏠쏠합니다. 어떤 일이 밀어닥칠지 예견할 수 없는 일들이 우리 인생살이에는 얼마나 많겠습니까. 그것들이 소중한 체험이 되어 인생의 길잡이가 될 수도 있습니다.

자유로운 여행은 고독하긴 하지만 자신에겐 매우 가치 있는 일입니다. 그건 모험이 따릅니다. 비록 그 지역의 언어를 모를지라도 표정이나 몸짓언어로 자신에게 닥친 문제를 해결하는 일은 돈을 주고도 살 수 없는 귀중한 체험입니다.

반대로 단체 여행은 인솔자의 안내에 따라 움직이면 됩니다. 편리하지만 자기 뜻대로 여행을 할 수 없는 단점이 있습니다. 여행지가 초행인 사람, 나이 든 사람, 안정적인 여행을 원하는 사람은 단체 여행이 편안합니다.

우리 속담에 '금강산도 식후경'이란 말이 있습니다. 아무리 좋은 구경이라도 배가 든든해야 주변 풍경이 제대로 보인다는 뜻입니다. 열차 안에선 밥을 전투하듯이 먹어야 한다고 합니다. 하지만 우스갯소리입니다. 오히려 아주 천천히 이야기를 나누며 오래오래 먹는 게 열차 식사법입니다. 대부분은 한국의 전투식량이나 라면을 챙겨오게 마련입니다. 러시아산 라면도 있지만 한국의 라면엔 미치지 못합니다. 게다가 지나오는 역마다 아낙네들에게서 구입한 시베리아 식품이 곁들여지면 금상첨화입니다.

전투식량이라면 김치볶음밥을 빼놓을 수 없습니다. 쇠고기 콩가미, 밥, 소시지, 볶음김치가 들어 있습니다. 이것을 발열팩으로 열을 가하여 비벼 먹습니다. 이거 하나면 아무리 추운 지방이라도 뜨끈하게 먹을 수 있습니다. 맛 또한 일품입니다. 한 손으로 총질을 하고 한 손으로 비빔밥을 먹을 수 있겠다며 모두들 엄지를 번쩍 치켜세웁니다.

'라면'이라면 신라면이나 참깨라면을 떠올리게 되는데, 러시아에선 팔도 도시락라면이 단연 인기입니다. 러시아 슈퍼마켓에 가면 한국 라면이 판매대를 점령하고 있는데 그중에서 팔도 도시락라면이 제일 잘 팔린다고 합니다. 그 종류도 다양해서 닭고기맛, 버섯맛, 쇠고기맛, 돼지고기맛, 스파게티맛 등이 있습니다. 맵지 않고 밍밍하다는 것이 특징입니다. 러시아인들의 입맛에 맞도록 제조된 것이라고 합니다.

진정한 밤은 9시 이후라야 전개됩니다. 시베리아의 백야白夜현상 때문입니다. 지역에 따라 백야현상의 시간도 약간씩 차이가 납니다. 일찍 잠이 들려면 창문의 블라인드를 내려야 합니다. 하지만 10시면 모든 객실이 소등되고, 복도에만 희미하게 불이 켜져 있습니다. 그러나 여행객들은 잠들지 못합니다. 시베리아의 밤은 여행객들의 내면에 백야의 전등을 켜놓기 때문입니다. 아무리 검은 커튼을 드리워도 여행객들은 잠들 수 없습니다.

보드카 뚜껑이 따지는 것은 그때부터입니다. 보드카는 40도 이상이라야 보드카입니다. 특히 벨루가 보드카를 내놓으면 술꾼들에게 존경을 한 몸에 받게 됩니다. 벨루가는 90일 동안 발효된 증류주입니다. 부드러운 질감과 은은한 맛이 일품입니다. 보드카와 시베리아의 별과 백석의 시 한 편이면 시베리아 여행은 그 어느 여행보다 환상적입니다. 벌판 저쪽

언덕 어디선가, 실루엣으로 비치는 늑대의 울음을 만난다면 누구든 그날 밤을 꼬박 지새워도 좋습니다.

핏방울 같은 해

빅토르 최의 노래 〈슬픔〉에는 이런 노랫말이 있습니다.(그의 노랫말은 모두 시입니다.)

> 핏방울 같은 달이 슬픔을 먹는다.

이 시 구절이 맞는지 어떤지는 모릅니다. 다만 그 슬픔에 나오는 시가 저것과 다를지라도 저는 위의 시를 고집할 겁니다.

이튿날 아침. 저는 창으로 내다보이는 해를 보고야 말았습니다. 해는 꼭 한 방울의 피 같았습니다. 떨어지는 핏방울이 아니라 솟아오르는 핏방울이었습니다. 아닙니다. 어쩌면 저것은 저녁 풍경일지도 모릅니다. 사물이 잘 분별되지 않습니다. 보드카를 너무 마셔버린 탓일까요? 그만큼 저는 저 풍경 속에서 진한 엑스터시(환각상태)를 느꼈는지도 모를 일입니다.

달리는 열차 창에 잡혀버린 해. 그 해는 수천만 온도를 지니고 있을 게 분명합니다. 슬픔을 다 먹어버린 달이 해가 되었다는 믿음. 그것은 미신처럼 제 몸을 관통하고 있었습니다. 지난밤의 보드카는 달과 해와 늑대의 울음을 위해 바치는 헌주獻酒가 틀림없었습니다.

현실이 상상이 될 때

여행은 상상입니다. 여행은 지나고 나면 모두 비현실이 됩니다. 여행객이 지나온 길은 그냥 그대로가 아닙니다. 벌판과 마을과 마을 위로 뜨고 지는 해, 그리고 만나고 헤어진 모든 사람들이 비현실로 남습니다. 똑같은 그 길과 똑같은 그 도시를 찾아가서, 예전에 만났던 그 사람을 다시금 만난다 한들 예전의 그 사람은 없습니다. 그 사람은 다시 새로운 무엇으로 제 앞에 존재하기 때문입니다.

시베리아 횡단열차도 그렇습니다. 시베리아의 모든 풍경들, 쓸쓸한 스텝, 연필처럼 가늘고 창백한 자작나무 숲, 노란 마타리꽃, 검은 아무르강, 비 맞고 있는 버드나무 숲, 벌판을 가로지르는 들새들, 고독한 까마귀 한 마리, 끝없이 펼쳐진 철로, 이름 모르는 간이역, 어두운 침엽수림, 상상의 늑대 출현….

이 모든 것들을 떠올리며 저는 모든 상상을 다 동원합니다. 지도를 보면서 제가 지나온 길을 되돌아보고 제가 가야 할 길을 상상합니다. 그러면 어느덧 지난 과거가 화석이 되어 남게 됩니다.

이제 치타에 다 와갑니다. 치타는 중국 하얼빈과 연결된 교통의 중심지입니다. 헤이룽강의 지류인 인고다강과 치타강이 합류하는 지점에 있습니다. 이르쿠츠크는 600km를 더 가야 합니다. 치타는 소설가 이광수가 머문 곳입니다. 그는 중국 하얼빈을 통해 이곳으로 왔을 것입니다. 그는 치타에서 머무는 동안 근처 바이칼을 자주 찾았습니다. '시베리아로 달리는 감상은 비길 데 없이 광막하여서 청년인 나의 꿈을 자아냄이 많았다'고 술회했습니다. 바이칼은 이광수 소설 《유정》의 무대가 됩니다. 이르쿠츠크와 바이칼이 나오고, 아버지의 친구 최석을 사랑하는 여인 남정임이 등장합니다. 줄거리는 이루어질 수 없는 안타까운 사랑이야기입니다.

치타는 당시 한인들이 많이 와 살았습니다. 중국과 연결된 교통의 요지여서 중국인들도 많았습니다. 당시는 상업과 무역의 중심지였으나 지금은 군사도시로서 역할을 합니다. 국경수비사령부가 있는 곳입니다.

치타를 지나면 울란우데입니다. 그때부터 바이칼호가 전개되기 시작합니다. 그 옛날 데카브리스트들이 복역했던 은광銀鑛이 치타에 있습니다. 그들은 처음 네르친스크 광산에서 일하다가 나중에 이 치타 은광으로 옮겨와 풀려날 때까지 중노동을 했다고 합니다.

치타와 울란우데는 중국과 원형을 이루고 있습니다. 치타는 하얼빈과 연결되고 울란우데는 몽골의 울란바토르와 연결됩니다. 이 선로는 모두 베이징과 합류하게 되어 있습니다. 울란우데는 부랴트 공화국의 수도입니다. 바이칼호 남동쪽 셀렝가강과 우다강이 합류하는 지점에 있습니다.

부랴트인. 그들은 몽골인과 닮았으며 한국인과 닮았습니다. 언어와 풍속에 비슷한 점이 너무나 많습니다. 그래서 부랴트인이 사는 곳을 한국인의 시원이라 부릅니다. 바이칼의 올혼섬에 가면 부랴트인의 샤머니즘을 만날 수 있을 겁니다. 먼 시원의 형제를 만나는 일은 어쩐지 계면쩍고 쑥스러운 일일지도 모릅니다.

부랴트인들은 본래 이곳의 토착민입니다. 울란우데는 '붉다'라는 뜻의 울란과 우다강이 합쳐진 이름입니다. 1917년부터 5년 동안 백군과 적군의 내전이 일어났습니다. 그때 빨치산들이 흘린 피가 우다강을 붉게 물들였다는 데서 그 이름이 유래했다고 전해집니다.

러시아 연방에 거주하는 부랴트인은 46만이라고 합니다. 그중 60% 인구인 28만이 부랴트 공화국에 삽니다. 부랴트인은 본래 샤머니즘과 라마교를 믿었던 민족입니다. 샤머니즘은 우리 한국의 샤머니즘과 아주 흡사합니다. 그것이 구소련의 사회주의를 거치면서 라마교와 불교 사원들이 사라졌습니다. 하지만 최근 들어 샤머니즘과 불교가 다시 부활하고 있습니다.

이볼긴스크 다짠 사원이 이곳에 있습니다. 라마교 총본산인데 40여 개의 사원이 있다고 합니다. 13대 달라이 라마의 스승인 아그반 도르지예프의 고향이 울란우데입니다. 14대 달라이 라마가 여러 차례 이볼긴스크 사원을 방문했습니다. 달라이 라마는 활불을 의미하는데 관음보살의 화신으로 알려져 있습니다. 육체가 소멸하더라도 영혼은 다른 사람의 몸을 빌어 현세에 다시 환생한다고 합니다. 달라이 라마는 영생하는 활불로 중생 곁에 늘 존재한다고 믿고 있습니다. 20만 부랴트인이 라마교 신자입니다. 하지만 점차 러시아 정교로 개종하고 있습니다.

부랴트인의 풍속을 들여다보면 우리 한국인과 너무나 닮았습니다. 부랴트인의 특징을 간단히 살펴보면 재미있는 점이 많이 발견됩니다. 조끼를 입었느냐 안 입었느냐에 따라 기혼이냐 아니냐로 구분합니다. 그래서 결혼을 하면 조끼를 꼭 착용해야 합니다.

3천 년 동안 유목민 생활을 한 부랴트인은 몽골의 게르와 비슷한 유르트에서 기거했습니다. 차이점이 있다면 이동방법이 달랐습니다. 몽골의 게르는 완전히 해체하여 말등에 싣고 떠났다가 새로운 곳에 다다르면 해체한 장대와 천을 다시 조립합니다. 하지만 부랴트 유르트는 큰 수레에 원형 그대로를 옮겨 싣고 떠나 새로운 정착지에 내려놓습니다.

유목 생활의 주식은 고기와 버터입니다. 그것은 몽골인과 다름이 없습니다. 가문을 중시하는 가부장적 전통도 우리와 같습니다. 부르는 호칭도 우리와 똑같습니다. 누구의 어머니, 아무개의 아버지라는 표현이 그렇습니다. 외양만 보아도 부랴트인, 몽골인, 한국인이 같은 유전자를 지니고 있다는 것을 금세 알 수 있습니다. 특히 활을 잘 쏘는 민족이어서 러시아 국가 양궁 대표는 부랴트인이 많다고 합니다. 우리 민족의 활 솜씨를 보면 유전인자는 속일 수 없나 봅니다.

또한 부랴트인에겐 우리의 무당 역할을 하는 샤먼이 존재합니다. 모든 길흉화복을 이 샤먼이 점을 쳐 해결합니다. 샤먼은 모든 질병을 주문이나 약물로 치유하는 의사가 되기도 합니다. 그들은 자연신을 숭배하는 최고의 위치에 있습니다.

우리 민족은 곰이 신화의 중심에 서는데 부랴트인은 늑대가 신화의 중심에 섭니다. 그래서 부랴트인을 예로부터 늑대의 민족이라 불렀습니다. 터키어의 '부리-아타'(늑대-아버지)에서 유래되었다는 말은 틀린 말이 아닙니다. 시베리아의 늑대 아버지.

늑대가 시베리아에서 사라지고 있는 지금, 역시 부랴트인도 점차 사라지고 있습니다. 이제 시베리아의 늑대는 박물관 박제로만 남아, 소리 없이 허공을 향해 울부짖게 될지도 모를 일입니다.

울란우데에서 20분을 정차한 열차는 바이칼호를 끼고 석양 속을 달렸습니다. 오렌지 빛깔의 해가 집니다. 바라보고 있는 해는 축구공만 한 크기입니다. 그냥 바다, 바다, 바다 같은 호수입니다. 멀리 북극해에서 날아온 갈매기들이 이제는 바이칼의 새가 되어 석양 속을 날고 있습니다. 모두 복도에 나와 석양을 바라봅니다. 석양 속을 달리는 열차는 당연히 붉은색 크레파스로 칠해졌을 터입니다. 붉은 열차, 붉은 해,

붉은 나무, 붉은 사람들….

8시간 남짓 가면 이르쿠츠크에 닿게 됩니다. 차장이 물품을 반납받기 시작합니다. 베갯잇, 담요, 수건 등을 반납했습니다. 앞에서도 얘기했지만 차장은 테이블보 분실책임을 물어 저희 6호실에 350루블을 요구했습니다. 우린 그 돈을 지불했습니다. 그동안에 철도경찰관 둘이 지나갔습니다. 석양이 지면서 열차 내의 저녁 식사가 끝났습니다. 각자의 짐을 챙기고 차장과 작별 인사를 나누었습니다.

이르쿠츠크역을 빠져 나왔을 때 어느새 비가 내리고 있었습니다. 자정이 가까운 이르쿠츠크의 밤. 네온 불빛이 흠뻑 빗물에 젖은 채 보도에 깔려 번질거리고 있었습니다. 새로운 인솔자 유다솜 씨가 반갑게 우리를 역 입구에서 맞이했습니다.

3장

신비

올혼섬

너울 길 파도를 타고

긴 여행에서 돌아와 처음으로 깊은 잠에 빠졌습니다. 벌판과 강과 낮은 언덕에 떠오르는 핏빛 태양과 자작나무 숲을 지나왔습니다. 한적한 역에서 채소와 과일과 생선을 파는 아낙네들과 즐비하게 늘어선 빈집뿐인 마을을 지나왔습니다. 긴 철교를 털컹거리며 지나왔고 원목을 가득 실은 화물차를 어긋나듯이 지나왔습니다. 무료함과 보드카와 지금은 잃어버린 이야기를 지나왔고, 먼 북극해로 흘러드는 예니세이강과 레나강을 상상하며 지나왔습니다. 빅토르 최의 〈변화〉를 노래하는 러시아인을 지나왔고, 긴 복도를 서성이다가 만난 이름 모르는 사람을 지나왔습니다. 그렇게 3일 밤낮을 열차에서 보내고 나니 피로가 엄습해왔습니다.

지난밤 비 내리던 이르쿠츠크의 거리를 지나오면서 낯선 이국에 홀로 버려진 느낌이었습니다. 어떻게 쓰러져 잠이 들고 어떻게 눈이 떠졌는지 모릅니다. 우린 이르쿠츠크에 왔으나 이르쿠츠크가 어떤 모습의 도시인지 전혀 알지 못했습니다.

안가라 호텔에서 조식을 한 후, 9시 정각에 올혼섬으로 떠나는 버스에 몸을 실었습니다. 우리는 초원 한가운데 펼쳐진 아스팔트 길을 달렸습니다. 가끔씩 등장하는 너울 길은 앞차를 감쪽같이 감추었다가 다시 올려놓곤 합니다. 우리가 탄 버스도 깊은 심연으로 가라앉았다 다시 완만하게 경사진 길을 오르곤 했습니다. 마치 파도를 타는 듯싶었습니다. 그 너울 길이 어디론가 한없이 뻗어 있습니다.

한 시간쯤 달렸을까요? 전나무 숲이 우거진 삼림 속으로 버스가 진입하자 주위가 푸른색으로 물들기 시작합니다. 아침인데도 하늘은 뿌옇고 태양은 빛을 잃었습니다. 푸른색 연기가 점점 더 짙어지면서 온 주위가 푸른 세상으로 변합니다. 어디선가 연기가 이쪽으로 오고 있는 게 분명합니다. 모두들 이 삼림에서 불이 난 모양이라고 웅성거립니다. 하지만 푸른 스모그의 정체를 아는 이가 버스 안엔 아무도 없습니다. 차를 모는 기사도 인솔자도 모릅니다. 인솔자와 기사가

잠시 대화를 나누더니 고개를 흔듭니다. 아마 동쪽이나 북쪽 어느 삼림지대에 불이 난 것 같다고 어림짐작할 뿐이랍니다. 인솔자 다솜 씨의 설명에 따르면 시베리아는 건조한 기후라 이따금 자연발화가 일어나곤 한답니다.

만약 근처에서 불이 났다면 경찰이 통제할 텐데 그렇지 않은 걸 보니 먼 곳에서 일어난 불일 거라고 합니다. 먼 곳이라면, 안가라강 기슭일까, 아니면 북극해에서 철갑상어 떼가 거슬러 오르는 예니세이강 계곡의 어느 숲일까? 혹시 최기순 감독이 떠난 연해주 표범의 숲은 아닐까? 이런저런 생각을 하고 있을 때 다솜 씨는 가끔 있는 일이니 그리 걱정하지 않으셔도 된다며 커다란 지도를 펼쳐 보여줍니다.

그 지도엔 초승달 모양의 바이칼이 있었고, 바이칼호 안에 또 작은 초승달 모양의 섬이 보였습니다. 바로 올혼섬입니다.

"올혼Olkhon섬은 바이칼 호수 안에 있는 스물두 개의 섬 중 가장 큰 섬이지요. 우린 바지선을 타고 그 섬으로 갈 겁니다. 여러분이 묵을 마을은 후지르 마을 민박집입니다. 그 민박집에서 여장을 푼 다음, 걸어서 20분 거리에 있는 부르한 바위로 갈 겁니다."

다솜 씨가 웃음을 머금은 채 이야기합니다. 다솜 씨는 현지 유학생입니다. 상냥하고 친절하여 금세 우리와 친해졌습니다. 버스가 서면 무조건 쉬!부터 하라고 웃으며 말하기도 했습니다. 그러자 옆의 자리에서 누군가가 누군가에게 속삭였습니다. "쉬는 자동충전이고 자동발사인데 뭐 안내까지…."

벌판 한가운데로 서부영화에 나올 법한 외딴섬 같은 목조 건물이 보입니다. 버스가 그곳에 정차했을 때 정말 쉬!부터 했습니다. 조그만 창살을 친 창으로 가게 주인인 듯한 남자가 보였습니다. 손님이 주문을 하고 돈을 건네면 안에서 주인 남자는 말 없이 음료수나 담배 같은 물건을 내밀곤 했습니다. 노상강도 때문에 창살을 치고 그 구멍으로 물건을 사고팔 수밖에 없다는데, 우리의 한적하고 정다운 시골 가게 풍경이 문득 떠올랐습니다.

목책을 친 들판 너머엔 뿌연 연기로 시야가 흐렸습니다. 띠풀과 마른 잡풀이 자란 초원은 메말라 있었습니다. 연기 냄새가 코끝을 자극했습니다. 나프탈렌 같은 냄새가 온몸을 휘감았습니다.

우리는 다시 버스에 올라 청색과 회색이 혼합된 청회색 연기를 헤치고 달렸습니다. 마치 몽골군이 유럽을 점령하기 위해 말을 타고 달리는 듯한 기분이었습니다. 하지만 얼마나 불안했는지 모릅니다. 다들 말이 없었습니다. 바깥의 수상한 풍경을 바라볼 뿐이었습니다.

들판에 방목된 소떼의 마른풀 뜯는 풍경이 쓸쓸해 보였습니다. 먼 데 언덕은 연둣빛으로 흐렸습니다. 침울한 파스텔화 같은 풍경이었습니다. 드디어 선착장에 닿았습니다. 바이칼호가 바로 코앞에 당도해 있었습니다. 40m 물속도 들여다 보인다는 호수는 연기에 질식한 듯 탁해 보였습니다.

바이칼을 건너다

올혼섬 선착장까지 당도하는 데 6시간이 넘게 걸린 길이었습니다. 바지선을 타고 올혼섬 선착장에서 내려 다시 사륜구동 차를 타야 합니다. 1시간 남짓 거리의 황톳길을 북상하면 우리가 묵을 후지르 마을에 닿게 됩니다.

정박한 바지선 철문이 내려지자 먼저 자동차들이 들어가고 나중에 여행객들이 배 안으로 들어갔습니다. 배는 거대한 굉음을 울리며 호수 한가운데로 미끄러져 나아갔습니다. 물길을 20여 분 가면 닿을 수 있는 곳이 올혼섬입니다. 연무煙霧에 휩싸인 바이칼 호수 저편으로 올혼섬이 희미하게 떠 있습니다. 여행객들은 모두 뱃전에 나와 먼 데 수평선을 건너다보거나 배가 일으키는 거센 물결의 거품과 파도를 내려다봅니다. 수평선은 자욱한 연기 때문에 아득하고 뚜렷하지 않습니다.

바이칼의 명칭은 자연을 뜻하는 몽골어 바이갈Baigal에서 비롯되었다고 합니다. 남한 면적의 3분의 1로 여러 소수민족이 바이칼호 주변에 살고 있습니다. 그중 대표적인 민족이 부랴트Buryat족입니다. 사실상 바이칼호의 주인은 부랴트족이라 해도 과언이 아닙니다.

17세기 시베리아를 정복한 러시아에 동화되기 전까지 부랴트족은 남쪽 몽골인과 언어가 동일할 뿐만 아니라 생활방식도 같았다고 합니다. 지금은 부랴트인들이 러시아인들과 피가 섞여 몽골인보다 몸집이 크고 콧날이 오똑한 사람이 많지만 그 본래 생김생김은 몽골인하고 똑같습니다. 그러니까 부랴트족과 몽골인은 같은 뿌리에서 난 같은 혈통임을 알 수 있습니다. 그래서 유목민인 부랴트인들은 자신들을 칭기즈칸의 후예라 믿고 있습니다.

우리가 가고 있는 후지르 마을 근처에 부르한 바위가 있는데 그 바위 어딘가에 칭기즈칸의 무덤이 존재한다고 믿고 있습니다, 전설의 진위야 어떻든 부랴트인들의 자부심이 얼마나 큰지를 미루어 짐작할 수 있습니다.

바이칼호의 다른 이름으론 여러 명칭이 있습니다. 아마 여행객들이 와서 보고 감탄한 나머지 이름을 붙였는지도 모릅니다. '시베리아의 진주' '성스러운 바다' '세계의 민물창고' '시베리아의 푸른 눈'. 저는 나름대로 생각해보니 바이칼은 어쩐지 우리 한국인의 혼이 어려 있는 듯한 느낌이 들어 다음과 같이 이름을 붙여 보았습니다. 영혼의 푸른 눈.

보이저 2호가 찍어 보낸 사진에서 천문학자 칼 세이건은 지구는 망망대해에 뿌려져 있는 하나의 작고 푸른 점에 지나지 않는다고 했습니다. 그런 다음 그는 이렇게 덧붙입니다. 저 창백한 푸른 점이 우리의 고향이고, 그곳이 바로 우리이고, 우리의 오랜 삶의 터라고.

만약 우주인이 되어 캄캄한 우주 공간에서 지구를 내려다보게 된다면 초승달 눈썹처럼 구부러져 빛나는 푸른 보석 한 점을 발견하게 될 겁니다. 그것이 이 지구에 살아서 존재하는 영혼의 눈 바이칼입니다. 어쩌면 바이칼은 우리 겨레의 시원일지도 모릅니다. 그렇게 믿고 있는 한국인들이 많습니다. 우리의 조상들은 바이칼에서 몽골로, 몽골에서 남하하여 요동과 만주벌로, 다시 압록강 두만강을 넘어 한반도로 이동해 왔다는 것이 학자들의 공통된 견해입니다.

상상은 물론 자유이지만 누구라도 한번 여기에 와서 장엄한 바이칼을 마주한다면, 자신의 온 상상력과 온 영혼을 발휘하여 바이칼의 신비를 꿈꾸게 될 것입니다. 그만큼 바이칼은 매력이 넘치는 곳입니다. 세계 민물 담수의 5분의 1이 바이칼 호수에 담겨 있다고 하니 그 어마어마한 규모를 짐작할 수 있습니다. 북미 5대호를 전부 합친 담수량보다 세 배나 많다고 합니다. 호수 최대 깊이가 1,621m여서 '육지 속의 바다'라 해도 틀린 말은 아닙니다.

바이칼호는 2,000m 이상의 고산高山으로 둘러싸여 있습니다. 바이칼 호수 안엔 2,500여 종의 민물고기가 살고 있고, 세계에서 유일한 민물바다표범과 철갑상어, 그리고 바이칼호에서만 서식하는 오물omul 등 다양한 생물체들이 함께 공존합니다.

배는 어느새 올혼섬에 닿았습니다. 태양은 희푸른 연기와 구름에 가려 최후로 소멸하는 별처럼 오렌지색 거성으로 부풀어 있습니다. 선착장 주변엔 목조재래식 화장실이 멀리 떨어져 있어 저마다 그곳을 향해 바삐 달렸습니다. 용변을 마치고 나오자 선착장은 금세 번개시장이 선 듯이 왁자해졌습니다. 관광상품을 파는 상인들, 이르쿠츠크에서 올혼섬으로 들어가는 여행객들과 올혼섬에서 이르쿠츠크로 떠나는 여행객들이 한데 섞여 매우 혼잡했습니다. 주인 없는 소들이 자유롭게 어슬렁거리는 모습을 한참이나 신기한 듯이 구경을 했습니다. 흡사 인도의 번잡한 거리에 자유로이 눕거나 걸어 다니는 보스 인디쿠스*를 연상케 했습니다.

우린 인원점검을 마친 후 6명씩 우와직이란, 투박하게 생긴 베이지색 사륜구동 지프에 몸을 실었습니다. 우와직은 소련제 군용 지프인데 이제는 퇴역하여 관광객을 운송하는 일을 합니다. 여섯 명이 들어가면 짐과 사람으로 꽉 차는 소형차입니다. 변사또 부부, 허영, 박성호 부부, 저 이렇게 여섯이 한 차에 탔습니다. 모두 춘천에서 온 사람들입니다. 올혼섬에선 이렇게 한 팀이 되어 다닌다고 했습니다.

다른 차 네 대는 먼저 떠나고 맨 끝으로 우리가 출발했습니다. 유머가 넘치는 사람 좋은 변사또가 주머니에서 수건을 꺼내 입에 두르며 말했습니다.

"자 이제 은행을 털러 갑시다."

"열차 강도가 더 멋있잖아요?"

허영이 맞장구를 치며 너스레를 떨었습니다. 우리도 제가끔 수건을 꺼내 입에 둘렀습니다. 그리고 각자 선글라스를 착용하고 서로를 쳐다보며 웃었습니다. 영락없는 갱스터 같

*보스 인디쿠스(bos indicus) 인도 재래종 소.

습니다. 길이 비포장도로여서 먼지가 심하기 때문에 어쩔 수 없이 마스크나 수건을 둘러야 한다고 합니다.

정말 저쪽 꽁무니에 뽀얗게 먼지를 일으키며 달리는 앞 차를 볼 수 있었습니다. 옛날 어린 시절 그런 신작로를 걸어 학교에 다녔습니다. 5리가 넘는 그 길은 뽀얀 먼짓길이었습니다. 한국전쟁 뒤라 군용차들이 제일 많이 다녔습니다. 먼지가 구름처럼 피어오르는 길이었습니다. 줄줄이 서 있는 키 큰 미루나무, 그 가로수를 흙먼지가 뽀얗게 분칠하곤 했습니다. 회색 나무들은 그렇게 서 있다가 비라도 한줄기 내릴라치면 금세 생기를 되찾곤 했습니다. 비 맞은 이파리들마다 반짝반짝 빛을 내며 바람에 흔들리는 모습이 영락없는 송사리 떼였습니다. 이젠 그 풍경이 제 어린 날의 소중한 추억거리가 되었습니다.

한 어린 소년이 타박타박 고무신을 신고 걸어가는 미루나무 길. 그 아련한 풍경이 수채화 한 장으로 제 마음속에 오래도록 남아 있습니다. 하지만 미루나무 한 그루 서 있지 않은 올혼섬은 그저 황량하기 이를 데 없습니다. 우린 방금 고도孤島에 당도한 유랑인처럼 조금은 어리둥절하고 조금은 의기소침해졌습니다. 바이칼이 자랑하는 선명한 색채는 온데간데

없고, 호수와 하늘과 땅이 모두 연푸른빛으로 감싸여 마치 몽환 속을 헤매고 있는 느낌이었습니다.

황무지

비포장도로는 끝이 없었습니다. 매캐한 냄새를 품은 푸른 연기는 몽골 기마병처럼 계속 밀려왔습니다. 지나가는 풍경이 아래위로 심하게 흔들렸습니다. 엉덩이가 부서질 지경이었습니다. 오랜 세월 동안 올혼섬은 아무것도 덧붙인 것도 없고 아무것도 뺀 것도 없이 2,500만 년 전 그때 그 모습 그대로인 듯싶었습니다. 우린 고대 원시의 들판을 향해 나아가고 있었습니다.

차바퀴가 붉은 흙을 뽀얗게 일궈냈고, 그 먼지는 푸른 연기와 어울려 태양 빛을 가렸습니다. 어디론가 강제이주당하는 느낌이었습니다. 두건을 쓴 6인의 갱스터는 꼴이 말이 아니게 되어버렸습니다. 가도 가도 황량한 벌판. 스치고 지나가는 돌무더기만이 우리를 반겼다가 금세 사라지곤 했습니다. 척박한 땅은 그 어떤 것도 거부하는 듯 보였습니다.

황무지를 한참 가다 보니 유난히 붉은 언덕이 나타났습니다. 그건 붉은 철이 피처럼 맺힌 광석더미였습니다. 그 옛날 부랴트나 몽골전사들의 영혼이 깃든 붉은 언덕. 그 언덕 너머로 몽골전사들의 말발굽 소리와 날카로운 괴성이 들려오는 듯했습니다. 하지만 그건 우리들 허약한 갱스터가 어쩔 수 없이 내지르는 외침이었습니다. 차는 울퉁불퉁한 길을 달렸고 우리의 몸은 널을 뛰듯이 마구 요동쳤습니다.

우린 빈털터리 나그네였습니다. 올혼섬은 척박한 땅이었지만 사람들은 올혼섬을 신의 땅이라 주저 없이 불렀습니다. 티베트나 몽골의 라마승들은 물론이고 많은 수행자가 이 올혼섬을 찾아와 명상에 잠긴다고 합니다. 이즈음엔 일반 여행객들도 지친 심신을 쉬러 올혼섬을 찾아온다는데, 대체 이곳은 어떤 신비를 지닌 곳일까요.

죽은 나무든 산 나무든, 굴러다니는 돌이든, 반짝이는 돌이든, 올혼섬엔 신이 아닌 것이 없습니다. 까마귀 한 마리도 누군가의 환생인 것입니다. 죽은 것은 죽은 것이 아니며, 산 것은 산 것이 아닙니다. 모든 것은 윤회하는 것. 산 것이 죽은 것이 되고, 죽은 것이 산 것이 되는 그런 미지의 땅에 저는 당도한 것입니다.

이제 다시 말해야겠습니다. 신神은 인간과 분리된 어떤 존재가 아닙니다. 신은 우리의 몸이요 역사요 넋입니다. 그러니까 이 땅은 인간과 분리된 신의 땅이라 불려선 안 됩니다. 이곳은 우리의 유전자에 면면히 흐르는 영혼의 땅입니다. 이곳은 먼 조상의 혼이 옹달샘처럼 깃든 곳이며 그 영혼의 터에 후손들이 나서 자라고 생명을 이어가는 곳입니다. 그러하니 곳곳에 영혼의 터가 존재함은 당연한 일입니다.

돌 하나, 나무 하나, 풀 한 포기에도 올혼의 영혼이 깃들어 있습니다. 그것은 나만의 것이 아닌 우리 모두의 영혼입니다. 이기적인 영혼이 아니라 공유하는 영혼입니다. 베풂의 영혼이요 겸손의 영혼이요 감사와 친절의 영혼입니다.

우리는 소금 호수가 빤히 건너다보이는 휴게소에 당도했습니다. 중간 휴게소인 바얌다이. 나무로 잘 지은 재래식 화장실은 외딴곳에 지어져 있었습니다. 주차장 옆엔 목책으로 둘러쳐진 너른 감자밭이 펼쳐져 있었고, 하얀 감자꽃들이 소담스럽게 피어 바람에 하늘거렸습니다. 감자밭 너머 멀리 희미하게 떠 있는 아주 작은 호수가 건너다보였습니다. 소금 호수라 했습니다. 바이칼호 안에 섬이 있고, 그 섬 안에 소금 호수가 고여 있는데 맑은 날이었다면 저 소금 호수는 아마 수정처럼 반짝였을 것입니다. 그 찬란한 빛을 못 본 것이 아

목초지가 나타났고, 비썩 마른 말들이 생기 없는 풀을 뜯고 있었고,
저만치 소 떼들이 해가 지는 서쪽을 망연히 바라보고 있었습니다.

쉬웠습니다. 하지만 흐린 날엔 흐린 대로, 맑은 날엔 맑은 대로 풍경은 있는 그대로의 모습을 보여줍니다. 어떠한 꾸밈도 없습니다. 참으로 정직한 풍경입니다.

잠시 휴식을 취한 우리는 다시 차를 타고 길을 떠났습니다. 목초지가 나타났고, 비썩 마른 말들이 생기 없는 풀을 뜯고 있었고, 저만치 소 떼들이 해가 지는 서쪽을 망연히 바라보고 있었습니다.

길옆으로 흰 페인트칠을 한 순록상馴鹿像이 서 있었습니다. 그 길을 지나 한참을 달리다 보니 약간 경사진 언덕 중간 부분에 흰 비석이 눈에 띄었습니다. 비석 주위의 붉은 돌 틈에 노란 꽃이 싱싱하게 놓여 있었습니다. 누군가가 다녀간 흔적이 분명했습니다.

그곳엔 산딸기가 먼지를 뒤집어쓴 채 머리를 흔들고 있었습니다. 갑자기 길가 풀숲에서 메뚜기 한 마리가 훌쩍 날아올랐습니다. 차는 자갈 투성이의 길을 우르르 지나갔고, 푸른 연기는 더욱더 짙어졌습니다. 운전기사는 더욱 힘을 주어 가속페달을 밟았습니다.

주위의 모든 사물이 희미하게 지워지고 있습니다. 푸른 원혼의 몽골 기마병들에게 꼼짝없이 포위된 형국입니다. 이러

다간 수천 년을 연기 속에 갇힌 채 길 잃은 유랑인 신세가 될지도 모를 일입니다. 파랗고 투명한 바이칼호. 맑은 공기와 신선한 햇빛. 선명한 색채. 보드카처럼 산뜻한 러시아 여인들. 바이칼에 서식하는 신기한 어류들, 친절한 부랴트인들은 다 어디로 사라졌단 말인지요.

모든 것이 흐릿했습니다. 초원의 풀들은 오랜 가뭄에 시들시들했습니다. 몽골 기마병들이 러시아 전역을 휘몰아칠 때를 상상합니다. 언제 어디서 몽골군이 나타날지 몰라 공포에 떨며 진절머릴 쳤던 그때의 러시아인들을.

그 몽골군의 추장 칭기즈칸이 이 올혼섬에서 나, 이 올혼섬 부르한 바위에 매장되어 있다는 것은 지어낸 이야기인진 몰라도 그 전설은 부랴트인들에겐 굳은 믿음이 되었습니다. 단 10만의 병사로 3년 만에 러시아 전역을 정복한 몽골의 칭기즈칸. 그는 이 올혼섬에 '죽은 자의 해골'을 남긴 것입니다. 그것이 전설이 되어 이 올혼섬의 수호자가 되었습니다.

칭기즈칸 시대부터 올혼섬은 몽골 제국의 지배를 받았습니다. 그 후 17세기에 러시아는 이 섬을 정복했지만, 20세기까지 이 올혼섬에 거주한 러시아 사람들은 없었다고 합니다. 스탈린 치하에선 정치범수용소가 있었던 아주 외딴섬일 뿐이었습니다.

그저 황량한 흙길입니다. 먼저 떠난 일행의 차량은 보이지 않습니다. 우린 그들이 남긴 차바퀴 자국을 하염없이 따라갔습니다. 200년도 넘었을 거대한 버드나무 숲을 지나자, 경석硬石 틈으로 낮은 풀들이 다투어 돋아 있었고 메뚜기 떼들이 일제히 푸르르 푸르르 날아올랐습니다. 바퀴 자국이 전선電線처럼 어지럽게 뒤엉킨 길을 한참 동안 흔들리며 가자니 어엇, 제법 짙푸른 초원이 나타났습니다.

"아, 초원이다."

"초원이야."

완전히 다른 세상에 당도한 듯싶었습니다. 분홍바늘꽃과 보라색 층층이꽃이 다북다북 피어 있었습니다. 바이칼 호수의 하얀 물거품이 이는 호안湖岸엔 깨끗한 모래가 끝없이 펼쳐져 있습니다. 드문드문 바위섬이 호수 위로 머리를 내민 모습이 보였고, 바위섬에 앉아 있던 갈매기들이 마치 우리를 환영이라도 하듯 회색빛 하늘을 낮게 날아다니고 있었습니다.

"그 어떤 시간도 되불러 올 수 없다 한들 어떠리. 초원의 빛이여, 꽃의 영광이여."

나는 저절로 윌리엄 워즈워스의 〈초원의 빛〉을 웅얼거리고 있었습니다. 우리는 얼마 지나지 않아 마침내 후지르 마을에 당도했습니다. 저는 숙소에 짐을 풀고 재빨리 수첩에 이렇게 적었습니다.

삶과 죽음의 경계, 그 가벼운 신비.

부르한 바위

부랴트인이 운영하는 민박촌에 드디어 도착했습니다. 부랴트 민박촌은 마을이 내려다보이는 언덕 중턱에 있습니다. 우리는 배정받은 방에 짐을 풀고 언덕 위를 걸어서 올라갔습니다. 꼭대기에 다다르니 바이칼 호수 저쪽에서 바람이 불어왔습니다. 송신 철탑들이 즐비하게 늘어선 곳을 지나 20여 분을 걸었습니다.

갈매기가 몇 마리 우리 머리 위를 낮게 비상하며 부르한 바위 쪽으로 날아갔습니다. 뒤를 돌아보자 후지르 마을 풍경이 한눈에 내려다보였습니다. 회청색 연기에 싸인 마을은 뿌옇게 잠겨 있었습니다. 초연硝煙 같은 매캐한 냄새가 코를 찌르는 느낌이었습니다. 그저 붉고 붉은 언덕이었습니다. 붉은 물질의 이끼 비슷한 것들이 바위에 잔뜩 덮여 있었습니다.

우린 오색 천으로 꽁꽁 싸인 '세르게'라 불리는 나무기둥까지 당도했습니다. 13개의 세르게는 몽골의 13부족을 상징한다고 합니다. 갈매기 한 마리가 그 세르게 꼭대기에 위태로이 앉아 우리를 기다리고 있었습니다. 어떤 이는 세르게를 솟대 같다 하고, 어떤 이는 우리의 홍살문 구실을 하는 것 같다고 했습니다.

갈매기는 호수에서 불어오는 바람에 어떻게든 견뎌보려고 날개를 펼쳐 중심을 잡느라 애를 썼습니다. 하지만 갈매기는 비틀거리는 몸이 창피했던지 날개를 몇 번 털어 훌쩍 호수 쪽으로 날아가 버렸습니다. 13개의 세르게 기둥을 지나면 부르한 바위에 닿을 것입니다.

"이 세르게를 통과하면 부르한이로군."

저는 저도 모르게 혼자 중얼거렸습니다. 거대한 바이칼 호수는 금강석처럼 투명하게 빛나지도, 밝은 색채의 선명한 질푸름도 보여주지도 않았습니다. 바이칼호는 한없이 한없이 파스텔톤으로 번져 있을 뿐이었습니다. 그저 한없이 한없이 무망한 세계가 내 앞에 조용히 엎드려 있을 뿐이었습니다. 어쩌면 한없이 한없이 절망한 사람만이 이곳을 찾아와 서러이 목 놓아 울 듯한, 그런 흐린 풍경이 놓여 있을 뿐이었습니다.

두 개의 작은 봉우리가 볼록 솟은, 참으로 보잘것없는 바

13개의 '세르게'는 몽골의 13부족을 상징합니다.

위였습니다. 여기가 칭기즈칸이 잠들어 있다는 부르한 바위란 말인가, 라는 의문이 문득 들었습니다. 무슨 영험한 기운이 있어 세계의 순례자들이 이 부르한 바위를 찾는단 말인가. 제 좁은 소견으론 도무지 이해할 수가 없었습니다.

청회색 하늘엔 둥근 거울을 걸어놓은 듯한 태양이 떠 있었습니다. 흐린 오렌지빛의 태양 거울. 언덕 중턱 비탈진 곳에 위태로이 선 소나무 한 그루가 부르한 바위를 쓸쓸히 내려다보고 있었습니다. 그 나무에 매달린 오색 리본들이 오스스 바람에 나부꼈습니다.

갈매기가 외롭게 날았습니다. 부르한 바위는 수천만 년 동안 풍화작용으로 바위가 갈라지고 터져 있었습니다. 이미 무너져 내린 자갈더미들이 흩어져 어수선했습니다. 마치 뼈들의 형해形骸 같았습니다. 그 어느 것이건 신령스러운 흔적이라곤 찾아볼 수 없었습니다.

언덕 꼭대기에서 내려다본 부르한 바위는 U 자형의 만灣을 끼고 있었습니다. 그러니까 호수 쪽으로 송곳니처럼 뻗어 있는 부분이 곶串인 셈입니다. 부르한이란 뜻이 무엇인지 궁금해집니다.

여러 이름이 있습니다. 부르칸, 불칸, 부르한, 할둔 등. 사실 부르한 바위는 바이칼 남쪽에 있습니다. 몽골 지역 동부의 헹티주에 있는 성산聖山을 이릅니다. 바위투성이라 흔히 부르한 바위라 부른다 했습니다.

하지만 부랴트인들도 올혼섬의 봉우리를 부르한 바위라 불렀습니다. 부랴트인은 자신들을 칭기즈칸의 후예라 믿고 있기 때문입니다. 이 바위 어딘가에 비밀의 동굴이 있으며 그 동굴에 칭기즈칸이 묻혀 있다고 믿는 것입니다. 그래서 이 부르한 바위를 신성시하여 부랴트인들은 오르지 않는다고 합니다. 그럼에도 여행객들은 부르한 바위로 서슴없이 오릅니다. 이해할 수 없는 일입니다. 여행객 몇이 부르한 바위 봉우리의 잔돌을 건너는 모습이 내려다보입니다.

그럼 칭기즈칸은 어떤 인물이기에 이 올혼섬에 그의 무덤이 있으며 또 부랴트인들은 무슨 이유로 칭기즈칸을 '영원한 하늘'로 떠받들고 있는 것일까요.

칭기즈칸은 1162년 오논Onon강 유역에서 태어났습니다. 오논강은 오늘날 몽골과 시베리아 지역이 맞닿은 곳에 있습니다. 그의 아버지는 예수게이로 보르지긴 씨족이었습니다. 예수게이는 메르키트 부족 전사의 아내 후엘룬을 납치하여 테무친을 낳습니다. 테무친이란 이름은 놀랍게도 예수게이가 죽인 메르키트 부족 전사의 이름입니다.

물론 예수게이는 소치겔이라는 첫 부인이 있습니다. 그녀가 낳은 아들이 벡테르입니다. 후에 예수게이는 타타르 야영지에서 독살당했는데 두 아내와 일곱 명의 자식을 남겼습니다. 예수게이가 죽자 예수게이 가족은 그들을 호위하던 타우치우드 씨족에게 버림을 받습니다. 고립된 그의 가족은 오논강 유역에서 사냥과 채집으로 목숨을 연명합니다.

테무친은 어릴 적 친구인 자무카와 의형제를 맺고, 자신을 살해하려는 이복형 벡테르를 활로 쏘아 죽입니다.

테무친과 자무카는 의형제이면서 서로 라이벌 관계였습니다. 초원의 지배자를 꿈꾸는 두 영웅은 당연히 대립할 수밖에 없습니다. 이 주도권 다툼에서 테무친은 승리하게 됩니다. 자무카는 수하 배신자들에 의해 테무친 앞으로 끌려옵니다. 테무친은 배신자들을 처형한 다음, 자무카에게 다시금 형제의 의를 맺자고 제안합니다. 자무카는 하늘에 해가 두 개 있을 수 없다며 단호히 거절합니다. 자무카는 몽골의 전통적인 처형방식인 가죽자루에 넣어져 목 졸려 죽습니다.

몽골 13개 부족이 모여 테무친을 칸Khan으로 추대합니다. 칭기즈칸은 서하족을 복속하고 이듬해 금의 90여 개 성을 초토화시킵니다. 지금의 베이징인 수도 중도中都를 몽골군이 포위하자 금은 굴욕적인 화의를 하게 됩니다.

칭기즈칸은 서방과의 원거리 무역을 원했고 이슬람 상인들을 우대했습니다. 이에 이슬람의 호라즘Khorazm 국왕에게 교역을 요청하는 사신을 보냈으나 호라즘은 그 사신들을 살해하고 맙니다. 마침내 1219년 호라즘 원정이 시작되었습니다. 호라즘은 40만 대군으로 대항했으나 패하고 맙니다.

1225년 호라즘이 멸망하고 서아시아, 중앙아시아는 폐허가 되었습니다. 이듬해 칭기즈칸은 탕구트 원정에 나섰다가 1226년 겨울 고비사막에서 말 사냥 중 낙상하여 큰 부상을 당합니다. 이듬해 8월 칭기즈칸은 운명합니다.

그 후 칭기즈칸의 아들 오고타이칸은 유럽원정을 시작했습니다. 지휘관은 바투와 수부타이. 15만 병력 중 보병을 제외한 4만의 기병을 직접 지휘하여 러시아 전역을 휩쓸었습니다. 러시아인들은 이때를 '타타르의 멍에'라 하여 굴욕으로 여겼습니다.

타타르란 말은 몽골의 한 부족명인데 치욕이란 의미의 그리스어 '타르타로스'와 흡사하다고 하여 그렇게 불렀답니다. 몽굴군은 무엇보다 기동력이 뛰어나 밤낮을 가리지 않고 진군했습니다. 하루 평균 64km를 전진했다고 합니다. 보급부대가 따를 필요가 없었습니다. 전투병은 말린 우유와 육포

(말린 고기)를 지참했고, 물은 가죽 주머니에 넣고 다녔습니다. 병사들은 마상에서 간편하게 먹고 마셨습니다. 따로 취사를 할 필요 없이 요기를 그때그때 해결했습니다. 그것은 몽골 유목민이 이동하면서 늘 해오던 생활습관이었습니다. 유럽의 대부분 군대는 몽골군이 보름쯤이면 당도하리라고 예상하고 있을 때, 몽골군은 그날 저녁에 기습적으로 나타나 성을 유린하곤 했다 합니다.

칭기즈칸의 몽골군은 적의 용기엔 경의를 표하나 자비심은 베풀지 않았습니다. 5일 동안의 전투에 함락된 러시아 라쟌 성의 시민들은 모두 몰살당했습니다. 몽골군이 점령한 유럽 대부분 지역 주민이 죽임을 당하거나 노예가 되었습니다.

군기는 엄격했고 모든 진격과 후퇴가 일사불란했습니다. 포로들에게 정보를 얻어 투석기와 파벽기를 사용하여 성을 함락했습니다. 군대 조직이 엄정 간편하여 지휘계통이 바로 섰습니다. 또한 침공 전, 첩보를 통한 사전 전략을 치밀히 짜 효율적으로 적을 공격할 수 있었습니다. 또한 잔인함과 공포심을 조성하여 사전에 기선을 제압했습니다. 몽골 병사 15만 중 순수 몽골기병은 5만. 나머지 병력은 튀르크계 병사가 보충했는데 주로 보병이나 보급활동을 맡았습니다.

몽골군이 휩쓸고 간 유럽의 성들은 폐허만이 남았습니다. 몽골은 유럽을 점령한 뒤 거의 대부분의 병력과 주민을 죽였습니다. 그곳에 주둔할 이유가 없었기 때문입니다. 단 3년 만에 유럽 전역은 몽골군의 말발굽 아래 초토화되고 말았습니다.

아직도 칭기즈칸의 무덤이 어디에 있는지 아무도 모릅니다. 네이멍구 자치구 오르도스에 있는 칭기즈칸의 무덤이 유일한데, 시신 없이 칭기즈칸의 의관衣冠만을 묻은 무덤입니다. 여러 차례 옮겨 다니다 지금의 오르도스에 자리를 잡고 정착했습니다. 700년 동안 한 번도 제사를 거른 적이 없다고 합니다.

우린 언덕 꼭대기에서 부르한 바위 쪽으로 내려갔습니다. 마땅한 길이 나 있지 않았으므로 서로의 손을 조심스레 잡아주며 부르한 바위가 있는 호안에 닿았습니다. 호수 물결에 씻긴 몽돌이 아주 깨끗했습니다. 연무 속에서도 물속이 투명하게 들여다보였습니다. 누가 먼저랄 것도 없이 손바닥으로 호수의 물을 떠서 입을 축였습니다. 차가운 물이 식도를 타고 흘러내렸습니다. 연거푸 세 모금을 떠 마셨습니다.

조민행 변호사는 벌써 넓은 바위를 차지하고 명상에 잠겨 있습니다. 그는 부르한 바위가 그립다 했습니다. 올혼이 그리워질 때면 그는 이 올혼의 부르한 바위를 찾는다고 했습니다. 뭔가 일이 잘 안 풀리거나 마음이 어지러울 때면 그는 이곳을 찾아 명상을 하곤 했답니다. 그러면 마음이 안정되고 어떤 신비한 에너지를 받는다고 했습니다.

조 변호사는 한없이 착한 심성의 소유자입니다. 척 보아도 선량한 얼굴과 선량한 기운이 느껴집니다. 티 없이 맑은 어린이의 심성이 부르한의 혼과 맞닿아 있기에 그럴지도 모릅니다. 저는 그의 명상을 방해하고 싶지 않아, 호안가에 조용히 누워 있는 고사목을 비켜 지나갔습니다. 죽은 나무나 살아있는 나무나 오색천과 깃발을 두르면 모두 신목神木이라 부릅니다. 죽은 나무는 신이 된다 했습니다. 그 죽은 나무에서 새로운 생명이 잉태된다 했습니다.

이런저런 생각을 하며 저는 부르한 바위의 측면을 보기 위해 부르한 바위와 잇닿아 있는 등줄기 비슷한 길을 건넜습니다. 누구도 부르한 바위로 갈 수 없었습니다. 그곳은 위대한 영혼 칭기즈칸이 잠든 곳이기에.

그럼에도 관광객들은 서슴없이 그곳을 오릅니다. 훼손이 나날이 심해지고 있습니다. 출입금지 팻말 하나 없었습니다. 그렇게 신성시한다면 출입을 제한해야 마땅하지 않을까요?

어쩌면 러시아 국가는 이 부르한 바위를 그리 대수롭게 여기지 않거나 못마땅하게 생각하고 있는지도 모릅니다. 자신들에게 치욕을 안긴 칭기즈칸의 무덤이 바이칼호 안에 자리 잡다니 아마 러시아인들에겐 그게 눈엣가시였는지도 모를 일입니다. 뭐 대수롭지 않아. 그건 부랴트인들이 꾸며낸 허황한 이야기일 뿐이야, 라고 은근히 무시해버리는 것일지도. 부르한 바위는 한낱 샤먼 바위일 뿐이라고.

위대한 장군이나 비운에 죽은 위대한 인물을 샤먼에선 신으로 섬깁니다. 중국 민가에서는 제갈공명이나 관우나 장비의 사당을 모십니다. 우리나라 무속에도 최영 장군이나 남이 장군을 신으로 모시고 있습니다. 칭기즈칸도 그러한 부류의 한 인물일 뿐이다, 라고 폄하하는 것일지도 모르지요.

하지만 지금은 그 부르한 바위로 올혼섬은 러시아의 중요한 수입원이 되고 있습니다. 한 해 130만 명이 찾는다고 합니다. 몇 해 지나면 200만도 더 넘는 여행객들이 이 올혼섬을 찾게 될 거라고 합니다.

올혼섬은 온통 샤먼의 혼이 담겨 있습니다. 나무에도, 풀에도, 바위에도, 집 안에도, 짐승에게도, 새에게도, 부랴트인의 마음속에도…. 샤먼의 섬이요 샤먼의 영토입니다. 자세히 보니 부르한 바위는 묘하게도 우리나라의 무덤 같은 느낌이 들기도 했습니다. 호수 안으로 뻗어 있는, 두 개의 크고 작은 봉분 같은 바위 무덤.

도대체 이곳에 어떤 강한 힘이 존재하기에 그 숱한 순례자들이 발걸음을 마다하지 않는 것일까요. 저는 서쪽으로 떠 있는 붉은 해를 바라보았습니다. 석양이었습니다. 연무 자욱한 하늘에 뚜렷하지 않은 오렌지빛 태양이 지고 있었습니다.

한 시간 남짓, 저는 지는 석양과 부르한 바위와 신목을 넘나들며 무심하게 여기저기를 쏘다녔습니다. 그리고 돌아갈 시간이 되었을 무렵, 언덕 능선을 타고 올랐습니다. 거의 꼭대기까지 다다랐을 때였습니다. 저는 어디선가 불어오는 바람에 의해 잠시 비틀거렸던 모양입니다. 어떤 미세한 힘이 저를 밀어내는 듯한 느낌이었습니다.

마침 맞은편에서 오던 한 노인이 얼른 손을 뻗어 부축하는 시늉을 했습니다. 금방 보아도 선량한 부랴트인임을 알 수 있습니다. 저는 웃으며 "고마워요" 하고 우리말로 인사를 했습니다. 그 말을 알아들었는지 노인은 잠시 미소를 머금고선 조용히 제 곁을 지나갔습니다.

생은 그런 것입니다. 전혀 낯선 사람들과 어느 날, 어느 때, 어느 장소에서 불현듯 서로 만나게 되어 있는 법입니다. 잠시 잠깐 우연히 만나, 눈을 가볍게 마주칠 때가 있는 법입니다. 그것을 불교에선 인연이라 하지 않던가요? 노인은 어쩌면 제 생의 한 부분일지도 모릅니다. 아니 그는 제 생의 전부일지도 모릅니다.

상상은 무한대로 뻗어갔지만 저는 무엇 하나 확신할 수 없었습니다. 붉은 띠가 드리워진 호수를 뒤로하고 우린 숙소로 향했습니다. 갈매기는 어디로 사라졌는지 그저 공허한 하늘만이 무겁게 언덕을 짓누를 뿐이었습니다. 제가 막 돌아섰을 그때, 갈매기가 사라진 등 뒤로 새 한 마리가 희미하게 떠 있음을 저는 직감했습니다. 그 새는 갈매기가 아니었습니다.

어쩌면 그 새는? 그렇습니다. 분명 그 새는 독수리였습니다. 그 독수리의 이름은 '영혼의 새'. 그 새는 마치 칭기즈칸의 화신처럼 소리 없이 제 안으로 날아들었습니다.

메리골드꽃이 걸어다니는 저녁 식사

올혼섬 후지르 마을의 저녁 식사는 오후 5시에 시작되었습니다. 주황색과 노란색의 메리골드꽃이 만개한, 꽃밭이 있는 식당입니다. 주방에선 부랴트 여인들이 음식을 장만하느라 분주합니다. 한쪽 면이 탁 트인 창밖으론 안개 짙은 호수가 흐릿하게 펼쳐져 있습니다.

아니 아닙니다. 저건 푸른 연기라고 해야 옳습니다. 아니 아닙니다. 저건 자연紫煙이라고 해야 더 옳습니다. 800년 전 몽골군이 일으킨 전화戰火가 이제야 올혼섬에 닿은 듯한 느낌이었습니다. 그만큼 붉었고 피 냄새가 나는 듯했습니다. 과거와 현재가 겹쳐지는 창밖 풍경은 서서히 어둠에 잠겨갑니다.

“시간을 거꾸로 거슬러 오른 것 같군요.”

누군가가 혼잣말로 중얼거렸습니다. 그 소린 참으로 멀고도 아득했습니다.

"저흰 샤먼의 정수리에 당도해 있어요."

그 소리는 북소리가 되어 제 심장을 두드리는 듯했습니다. 모두들 창밖을 응시하고 있을 뿐이었습니다. 이명耳鳴처럼 울리던 말발굽 소리는 들리지 않았습니다. 불현듯 어느 외로운 순례객이 이 낯선 마을에 막 당도하여 식당문을 조용히 밀고 들어올 것만 같았습니다. 저는 이따금 문 쪽으로 시선을 던졌으나 문에선 아무런 기척도 느낄 수 없었습니다.

메리골드꽃을 닮은 아가씨가 주방에서 음식을 날라왔습니다. 수수한 차림에 눈이 맑은 부랴트 아가씨였습니다. 보리가 섞인 메밀밥과 당근을 넣은 감잣국, 발효식빵, 스프, 그리고 쿠키가 나왔습니다. 바이칼 호수에서 잡은 생선도 곁들여졌습니다.

"메밀밥이라니… 한국에서도 맛보기 어려운 건데."

"감잣국 참 맛있네요."

"옥수수 스프는 고소해요. 한국적인 맛이에요."

이만하면 성찬입니다. 우리는 연무 낀 호수를 내다보며 저녁 식사를 했습니다. 음식은 기름지지 않았고 담백했습니다. 정갈한 차림이었습니다. 디저트로 오이, 토마토, 양파를 버무린 야채샐러드가 나왔습니다. 그리고 우린 따뜻한 홍차를 마셨습니다. 홍차 한 모금이 식도를 따뜻하게 덥혀왔습니다. 그동안의 피로가 말끔히 가시고 정신이 쇄락해진 느낌이었습니다.

나무 탁자에 일고여덟 명씩 모여 앉아 이런저런 담소를 나누었습니다. 우린, 자정이 넘어 도착한 이르쿠츠크에 대해 이야기했고, 칭기즈칸과 부르한 바위와 올혼의 샤먼과 부랴트인에 대해 이야기했습니다. 그리고 느닷없이 침범한 청회색 연기에 대해 이야기했습니다.

이야기 중에 흥미로운 화젯거리가 나왔습니다.

"부르한 바위의 두 봉우리 보셨지요? 자세히 보면 형태가 M 자형임을 알 수 있지요."

"네, 그렇게 생각하니 그렇군요."

제가 수긍을 하자 그분이 말했습니다.

"부르한 바위 오른쪽 옆구리로 U 자형의 만灣이 지남철처럼 누워 있지요?"

"아 네…."

"그럼 M과 U를 합해봅시다. 뭐가 되지요?"

"M…U…."

"칭기즈칸의 이름 테무친의 가운뎃소리 무mu와 음이 같지 않습니까?"

"무. 테무친의 무…."

"어쩌면 이건 칭기즈칸의 기호이자 상징 같은 게 아닐까요?"

저는 빙그레 웃지 않을 수 없었습니다. 그래서 저는 한술 더 떠 이렇게 말했습니다.

"그렇군요. 아주 절묘합니다. 그렇다면 우리나라 무속의 무巫와도 발음이 같은데요?"

제 적극적인 동의 표시에 그는 잔뜩 고무되었습니다.

"무당의 무… 테무친의 무…."

하지만 어쩐지 억지 춘향 같은 느낌을 지울 수 없다는 건 사실입니다. 그가 말했습니다.

"아마 여기 이 부르한 바위에 칭기즈칸의 실제 무덤이 있을지도 몰라요. 전설이 사실임을 뒷받침한다고 생각지 않으세요?"

그는 탐정 셜록홈즈처럼 눈을 빛내며 미소를 띠었습니다. 참으로 놀라운 상상력과 추리력입니다.

여행은 상상입니다. 여행자는 현재를 보고 현재를 걷지만, 과거로 회귀하여 상상하는 즐거움을 누릴 자유가 있습니다. 여행자는 어쩌면 고독한 자신만의 길을 가는 순례자일지도

자작나무로 지은 부랴트의 전통가옥.

모릅니다. 그래서 여행은 꿈의 길이라 했습니다.

단순히 경치나 보고 슬쩍슬쩍 지나치며 사진이나 찍는 여행은 그 즐거움과 흥미가 반감되는 법입니다. 여행은 자신만의 눈으로 보고 자신만의 상상을 펼쳐야 그 여행의 참맛을 느낄 수가 있습니다.

그런 생각에 잠겨 있는 중에 인솔자가 내일 일정을 간단히 소개했습니다. 다 듣고 난 후 우린 뿔뿔이 흩어져 각자의 숙소로 향했습니다. 별도 보이지 않는 캄캄한 밤에 목조가옥에서 흘러나오는 불빛만이 오렌지빛으로 명멸할 뿐이었습니다. 그건 마치 하늘에서 내려온 별빛 같았습니다. 허영과 저는 민박촌 끝에 있는 부랴트 전통가옥으로 올라갔습니다. 그곳이 바로 우리가 머물 숙소입니다.

자작나무로 지은 집입니다. 테라스가 있고 망사 커튼이 드리워진 창이 있고, 침대 두 개가 양쪽으로 나뉘어 놓여 있습니다. 모퉁이 나무 벽엔 흑백의 풍경 사진들이 걸려 있는데 모두 올혼섬 풍경들입니다. 세모꼴 선반 위엔 올혼의 조약돌들이 가지런히 놓여 있습니다. 또 그 곁으로 분홍빛 둥근 거울이 예쁘게 놓여 있습니다. 돌엔 산과 호수의 그림이 그려져 있는데 아마 여행객의 안전을 기원하는 부적符籍 같은 것일지도 모릅니다.

선반 밑엔 손잡이가 있는 긴 청동 술병 하나가 놓여 있습니다. 아마 모조품으로 만든 인테리어 소품일 거라고 허영이 말했습니다. 나무판자로 잇대어 지은 목조건물인데 지은 지 얼마 되지 않은 신축건물이었습니다. 집에서 수액을 품은 자작나무 향기가 났습니다.

꿈에도 그리던 바이칼 호수 올혼섬에서의 일박. 제 개인사로 볼 때 가장 빛나는 날일 게 틀림없습니다. 도저히 이대로 잠이 올 것 같지 않았습니다. 몸은 납덩이처럼 무거웠지만 정신은 또렸했습니다. 허영은 저쪽 침대에서 부랴트 문양의 모포를 덮고 잠이 들었습니다.

저는 조용히 가슴을 쳤습니다. 쿵쿵 북소리가 들리는 듯했습니다. 심장은 터질 듯이 벅찬 느낌으로 북이 되어 울었습니다. 아주 먼 날입니다. 북 치는 누군가를 제가 조용히 기다리고 있었습니다. 그걸 방금 깨우친 겁니다. 아마도 북 치는 소년 테무친을 기다리고 있었던 건 아닐까요? 부르한 바위가 서 있는 후지르 마을의 밤은 너무 적막하여 이곳의 시간 모든 것들이 정지된 듯한 느낌이었습니다.

가슴을 치면 북이 울었다

푸른 연기였다
자작나무 숲이거나 전나무 숲이거나
어느 잡목림 숲이거나
아마 그럴 거라고
2000여 킬로미터 떨어진 먼 곳에서
연기는 오는 것일 거라고
여행객들은 짐작했다
불이 어떻게 타는지는 모르나
연기도 역시 먼 여정으로 여기까지 와
온몸이 물 먹은 솜덩이가 다 된 채
원주민의 목조가옥 창틀에 목을 늘였다
웬일인지 여행객들은 투숙지 숙박부에다
한결같이 푸른 연기…라고 적었다
자신의 이름을 잊은 여행객들의 몸에선

매캐한 나프탈린 냄새가 났다
여행객들은 물이 귀한 올혼섬에서
부득불
연기로 세수를 하고
그 연기를 흠뻑 마시며 푸르게 취해갔다
여행객들은 자신의 몸이 점점 흐려져 가는 것도 몰랐다

어디선가 북이 운다고 한 여행객이 말했다
저쪽 들판에서 칭기즈칸의 말발굽소리가
온다고 한 여행객이 말했다
그 여행객은 들린다고 말하지 않았다
무심코, 온다고 했다
그 말에 모두들 두려움을 느꼈다
우린 칭기즈칸의 후예거든?
애써 한 여행객이 가슴을 펴고 말했다
칭기즈칸의 무덤 바위는
바이칼호에 칼처럼 솟아 있었다
누구도 칭기즈칸의 시신이
어디 있는지 모른다 했다

그는 살아 있어

그는 영원한 하늘이야

독수리나 늑대가 된다고도 했지

그럴까

정말 그럴까?

모든 게 유령 같이 떠 있는 저녁이야

또 누군가가, 아니 어디선가

이렇게 말하기도 했다

심해어 한 마리, 날개를 달고 창공을 날아가는군

아냐 연기야

모든 게 모호해

자욱한 연기뿐인걸

여행객들은 푸른 연기에 흠뻑 젖어

육신과 영혼이 소멸되어가는 줄도 몰랐다

저녁이 되자,

아니 희미한 밤인가?

빨강 노랑 파랑 삼색천 친친 감긴 기둥에

몸을 기댄 서녘 바람이

붉은 피를 씻어내듯 난데없이 목 놓아 울었다

전사들은 바람이 되어 뿔뿔이 흩어졌다가 다시금 돌아와

마을과 숲을 태웠다

연기로 피어난 전사들은 파도처럼 달렸다
마치 진군의 해일이 일듯이 설레었다
소멸은 찰나이지만
생성은 매우 더뎠다
갈대가 육신을 먹고 자라 무성해졌다
역사는 반복되지 않았다
늘 새롭게 자신의 몸을 바꾸었다
한결같이 푸르게 연기로 변한 여행객들은
그날 밤
꿈속에 몽골병이 되어 말을 달렸다
그들은 칭기즈칸을 보았고
그의 장렬한 전사가 되었다
흰 독수리 한 마리가 자신의 깃털을 떨어뜨려
굳어버린 핏자국을 덮었다
칭기즈칸은 소년 테무친으로 돌아가 잠이 들었다
부르한 바위는 여전히 아무 말이 없었다
꿈속에서도
가슴을 치면 북이 울었다

올혼섬의 아침

꿈에서 깨어나니 동쪽 창으로 우윳빛의 희미한 빛이 스며들고 있었습니다. 저는 칭기즈칸 꿈을 꾸었습니다. 그러나 제 기억 속엔 희미한 잔상만이 남아 있을 뿐입니다. 마치 푸른 갑옷을 입은 유령들과 푸른 말들이 괴상한 소리를 내지르던 그 꿈이 한동안 저를 사로잡았습니다.

허영은 자리에 없었습니다. 주섬주섬 옷을 챙겨 입고 밖으로 나갔습니다. 대기는 어제와 다름없이 연무로 자욱했습니다. 몇몇이 숙소와 떨어진 재래식 화장실로 바삐 달려갔고, 몇몇은 칫솔을 입에 물고 느릿느릿 세면대로 향하고 있었습니다.

바이칼 호수는 깊은 침묵으로 가라앉아 있었습니다. 해는 보이지 않았습니다. 아마 어쩌면 태양은 이미 떠올라서 청회색 연무 속에 몸을 꼭꼭 숨기고 있는지도 모릅니다. 아니면 수평선 저쪽에서 이제나저제나 떠오를 기회를 엿보다가 부끄러운 듯이 머리를 살짝 내밀지도 모릅니다. 지각한 소년처럼 잔뜩 홍조를 띤 얼굴을 하고서.

하지만 그건 저의 착각이었습니다. 물이 졸졸 감질나게 흘러나오는 세면대로 가서 대충 얼굴을 씻고 양치를 한 뒤에도 해는 보이지 않았습니다. 불은 시베리아 타이가(침엽수림) 지대 어느 곳에서 계속 타오르고 있는지도 모릅니다. 어쩌면 난데없이 하늘에서 큰 별이 떨어져 거대한 불길을 내고 있을지도 모르지요.

실제로 1908년 거대한 불덩어리가 긴 꼬리를 끌고 시베리아 퉁그스카 지역에 떨어졌습니다. 서울 면적의 3배나 되는 침엽수림이 나무젓가락처럼 쓰러졌고, 반경 20km 이내가 모두 화염에 휩싸였다는 기록이 전해집니다. 며칠 동안 붉게 물든 하늘 때문에 유럽에선 등불 없이도 신문을 읽을 정도였다고 하네요.

그런데 저는 이 연기가 마치 몽골의 푸른 군대같이 느껴졌습니다. 어느 순간 불쑥 나타나 성을 점령하고 성안의 주민을 전멸시킨 뒤 감쪽같이 사라져버린다는 칭기즈칸 기마병, 그 푸른 혼. 이 올혼섬이 샤먼의 시원始原이요 부랴트인의 혼이어서 그랬을까요? 게다가 이 바이칼의 올혼섬은 고려인의 뿌리라 여겨져서 더욱 그랬을까요?

저는 물이 아닌 연기로 세안을 하고, 회청색 연기치약으로 이를 닦는 느낌이었습니다. 실종된 해는 어제나 다름없이 오리무중인 모양입니다. 대체 해는 어디에서 무슨 짓을 하며 게으름을 피우고 있는 것일까요?

고양이의 방문 이야기

아침 9시 조식早食은 흰죽과 고소한 연유, 카스테라와 함께 햄이 나왔습니다. 식사 중에 저는 신영우 인형극연출가로부터 고양이 이야기를 들었습니다.

"저희들 어젯밤 고양이와 잤어요."

인형극연출가는 흰죽을 몇 술 뜨다 말고 제게 미소를 건네며 말했습니다. 이야기의 줄거리는 대략 이렇습니다.

"저희는 저녁 식사를 마치고 일찍 숙소로 들어왔어요. 몇몇이 후지르 마을 입성의 축배를 들자고 하는 걸 뿌리치고서요. 몸이 녹초가 되어 있었거든요. 그래 일찍 쉬려고 잠긴 문을 따고 안으로 들어갔어요. 세수고 뭐고 할 겨를도 없었어요. 벌렁 침대에 누워 있다가 깜빡 잠이 들었는데… 어디선가 고양이 울음소리가 들려오는 거예요. 야옹 야아옹… 그러더니 갈색 고양이 한 마리가 연기처럼 나타나지 않겠어요?

흔히 보는 그런 들고양이 같았어요. 한데 이 녀석이 어디서 들어온 걸까 궁금했어요. 저흰 나갈 때 방 안에 어떤 동물도 없다는 걸 확인했거든요. 그래서 구석구석을 꼼꼼히 살펴보았지요. 조그만 빈틈 하나 없었어요. 어디로 틈입한 것일까 그런 생각을 하고 있는데 고양이가 냉큼 침대로 올라오는 거예요. 그래 꽉 안아주었지요. 신기하게도 녀석은 오랜 친구인 양 저를 빤히 쳐다보지 않겠어요? 트렁크에서 가져온 비스킷도 꺼내주고 생선통조림도 꺼내주었어요. 배가 고팠던지 아주 맛있게 잘 먹더군요. 갈색 고양아, 맛있니? 그랬더니 고양이가 가만히 고개를 주억거리지 뭐예요."

여기서 박성호 작가가 대화에 끼어들어 다른 의견을 내놓았습니다. 그건 흘린 과자 부스러기를 고양이가 주워 먹기 위해 고개를 숙인 거다, 라는 이야기였지요. 그러자 신영우 연출가는, 아니다! 그 고양이는 분명히 몇 번 고개를 끄덕였다, 그게 고맙다는 인사였다, 라고 반박했습니다.

"어쨌든 전 방문해준 고양이에게 고맙다는 인사를 하고 문을 열어 고양이를 바깥으로 내보냈어요. 그런데 한 10여 분 지났나. 뭔가가 방 안에 들어와 있다는 이상한 낌새를 눈치챘어요. 구석진 한쪽에 그 고양이가 있었어요. 녀석이 다시 나타난 거예요. 저희는 고양이가 방으로 침입할 만한 구멍이

나 빈틈을 찾아보려 애썼지만 도무지 찾을 수가 없었는데… 녀석이 제집인 양 노크도 없이 다시 들어온 거예요. 아마 자신만의 통로가 있는 듯했어요."

"당당히!"

"네, 당당히!"

그 후 고양이를 내놓으면 다시 들어오고 내놓으면 다시 들어오기를 거듭했고, 어디로 들어오는지 살펴보기 위해 방 안과 바깥을 샅샅이 뒤져 보았다고 합니다. 그런데 아무 이상도 발견하지 못했다고 합니다.

할 수 없이 그 갈색 고양이와 침대에서 함께 잠이 들었답니다. 아무 불편 없이 낯선 고양이와 잠이 든 이야기는 한 편의 동화였습니다. 잠이 들면서 얼마나 많은 이야기를 나누었을지 저로선 알지 못합니다. 다만 이 신의 섬에서 이 섬의 주인과 함께 한 기억은 이 두 부부에겐 두고두고 남을 추억거리가 될 겁니다. 순수하고 티 없는 동화부부를 올혼섬의 고양이 왕자는 알아봤는지도 모릅니다.

동화부부와 헤어진 후 숙소로 가는 길에 저는 전봇대 위에 오롯이 앉은 고양이를 보았습니다. 아 그 고양이는 갈색이었습니다.

이 고양이가 침대에서 함께 잔
그 고양이일까요?

뭐, 저렇게 흔하디흔한 갈색 고양이가 이 올혼섬엔 얼마나 많겠습니까. 하지만 어쩐지 전 저 고양이가 지난밤 동화부부와 함께 지낸 그 고양이가 아닐까 생각했습니다. 그러고 보니 전봇대 위에서 몸을 잔뜩 웅크리고 앉은 갈색 고양이는 틀림없이 동화부부의 숙소 쪽을 빤히 내려다보고 있었습니다.

10시에 우린 각자 조를 짜서 후지르 마을을 떠나 호보이곶으로 출발했습니다. 가는 도중에 사라예스끼 호수 연안沿岸을 들르기로 했습니다. 사자섬과 움직이는 악어 바위를 거쳐 호보이곶에 닿은 다음, 그곳 소나무 숲에서 우와직 운전기사들이 만들어주는 오물국으로 점심 식사를 하게 되어 있다고 했습니다.

그 뒤로 삼형제 바위를 지나 우린 전설의 사랑 바위를 오르게 됩니다. 그곳에서 바라보는 동쪽 바이칼 호수는 놓쳐서는 안 되는 장관이라고 했습니다. 그리고 마지막으로 몽돌 호수 연안을 돌아 후지르 마을로 귀환하는 일정입니다.

저는 자동차 안에서 곰곰이 고양이를 생각해보았습니다. 올혼섬엔 알 수 없는 세계가 함께 공존하고 있다는 느낌을 받았습니다. 신영우 인형극연출가와 박성호 작가도 무엇을 생각하는지 차창만 물끄러미 내다보고 있었습니다.

오늘 밤도 그 고양이는 다시 나타날까요? 어쩌면 그들은 그 고양이를 따라 올혼섬의 숨은 비경을 구경하게 될지도 모를 일입니다. 저는 잠시 동안 부러운 눈으로 그들을 바라보았습니다. 하지만 두 사람은 시선을 길 저쪽으로 던진 채 아무 말이 없습니다.

하란치 마을

올혼섬은 바이칼 호수 서북쪽 호안에 가깝습니다. 바이칼 호 섬 중에서 제일 큰 섬입니다. 이르쿠츠크에서 300km 떨어진 곳에 있습니다. 부랴트어로 '작은 숲' 또는 '메마른'이란 뜻을 지녔습니다.

특히 올혼섬은 중앙아시아의 대초원인 스텝 지역과 시베리아의 침엽수림대인 타이가, 그리고 동쪽 섬을 가로지르는 메마른 사막으로 형성되어 있습니다. 3개 구역이 독특한 기후와 뚜렷한 지역적 특성을 지니고 있습니다. 섬 내엔 1,500명이 거주하는데 몽골계 부랴트인과 러시아인들이 물고기를 잡고 가축을 길러서 살고 있습니다. 최근엔 관광으로 번창하고 있지만 날로 심각해지는 환경오염으로 몸살을 앓고 있기도 합니다.

후지르 마을에서 하란치 마을까지 가려면 구릉과 사막을

지나야 합니다. 그런 다음 원시의 숲이 나타나고 그 숲을 벗어나면 하란치 마을에 당도하게 됩니다. 초원을 한없이 달리다 숲으로 접어들었습니다. 시베리아 낙엽송과 소나무가 울창한 바이칼공원입니다. 거대한 고사목이 땅에 누워 오랫동안 썩어가고 있었습니다. 마치 매머드가 서식하는 고생대에 온 듯싶었습니다.

숲은 자동차 바퀴자국으로 어질러져 있었습니다. 그러나 저 안쪽으론 태고의 신비가 고요히 숨 쉬고 있었습니다. 어쩌면 영적인 마법의 버섯이 자라고 있을지도 모를 일입니다. 저는 어처구니없게도 그 마법의 냄새에 이끌려 끝없이 숲으로 빠져드는 립 밴 윙클*을 상상했습니다.

하지만 무엇보다 우리의 시선을 끈 것은 초승달 모양의 올혼섬입니다. 바닥에 찰진 흙과 모래를 섞어 다져놓은 섬 모형입니다. 둘레를 각종 모양의 크고 작은 돌들로 에워싸고 있습니다. 올혼섬을 축소한 지도입니다. 지도는 지도인데 토템과 샤먼의 신비가 숨 쉬는 지도입니다. 샤먼은 제사를 주관합니다. 죽은 자의 영혼을 사후 세계로 인도하는 역할을

---

* **립 밴 윙클** 워싱턴 어빙의 단편집 《스케치북》에 수록된 소설 속 주인공.

합니다. 그중에서 샤먼의 가장 중요한 역할은 영적인 치유입니다. 샤먼은 원시 형태의 신비적 경험을 통해 병을 고치고, 그 부족의 전통과 구전을 지키는 사람입니다.

특히 샤머니즘은 시베리아의 토테미즘과 밀접히 연결되어 있습니다. 토테미즘엔 어떤 동식물에 대한 숭배, 희생, 금기, 신화 등의 집단의식이 작용합니다. 단순히 늑대와 인간이 결합한 늑대인간은 토템이 될 수 없지만, 곰이 마늘을 먹고 인간이 된 웅녀이야기는 토템이 존재한다고 봐야 합니다. 웅녀이야기는 집단의식 속에 잠재된 신비와 초자연적인 힘을 지니고 있기 때문입니다. 거기엔 부족민의 간절한 염원이 담겨 있습니다. 올혼섬 지도는 또 하나의 영적 현신으로 우리 앞에 그렇게 놓여 있었습니다.

돌들엔 소와 산양, 사슴, 순록 등의 그림과 단단히 무장한 사냥꾼의 모습이 그려져 있습니다. 또 섬 안쪽으론 각종 물고기와 배를 타고 그 물고기를 잡는 어부도 그려져 있습니다. 어느 돌들 주변엔 동그란 파문이 이는 것으로 보아 바이칼 호수 안의 여러 섬을 상징하는 것임을 알 수 있습니다. 옆에 나무로 된 팻말이 서 있습니다.

BAIKAL STONE GARDEN.

과연 이 정원의 돌엔 어떤 꿈과 신비가 담겨 있을까요? 여행객마다 느끼는 감정이 다 다를 것입니다. 하지만 이것 하나만은 같을 거라는 생각이 듭니다. 이 올혼섬은 본래 우리 한국인들의 오랜 고향이라고.

하란치 마을은 호숫가에 있었습니다. 파도가 잔잔히 밀려와, 파도의 거품이 가장자리 모래밭 속으로 조용히 스며들었습니다. 옛날엔 부두였을 잔해가 을씨년스럽게 남아 있을 뿐입니다. 모래알들은 투명하여 맑고 깨끗합니다. 갈매기가 몇 마리 한가하게 날고 있습니다.

지난날 목조가옥이었던 강제수용소는 몇 년 전 불이 나, 지금은 타다 남은 문짝만 힘겹게 홀로 서 있습니다. 그 타버린 문짝을 밀고 나가면 또 다른 세계가 눈앞에 펼쳐질 것만 같습니다.

당시 수형인들은 바이칼호에서 생산되는 오물omul을 손질하고 가공하는 일을 했다고 합니다. 남자 수용소 2동, 여자 수용소 1동이 있었다고 하는데, 이제 수용소도 통조림공장도 그 통조림공장에서 매일 오물을 손질하던 수용소 포로들도 있을 리 없습니다.

다만 목각인형이나 관광 상품을 파는 매점이 있고, 20루블의 가격표가 붙은 재래식 유료화장실이 있고, 손님들의 모습을 해바라기처럼 눈으로 좇는 40대 여자 점원이 있을 뿐입니다. 이런 한가한 풍경이 뜨거운 사막과 시퍼런 호수를 배경으로 정물처럼 외롭게 놓여 있습니다.

하란치 마을에서 볼 수 있다는 사자 바위와 악어 바위도 연무 때문에 멀리서 희미한 모습을 드러낼 뿐입니다. 그게 사자 바위인지 악어 바위인지 확실치가 않습니다. 오랜 풍상으로 함몰된 잔교棧橋의 밑바닥이 흔적만 남아 파도에 휩쓸리고 있습니다. 사람들은 그 네모진 잔교 터에 올라가 사진을 찍느라 분주합니다. 갈매기가 이따금 날아와 멋진 포즈로 사진에 찍히곤 했습니다.

인천부두에서 섬으로 가는 배를 타면 새우깡을 받아먹는 갈매기들이 있습니다. 이들에게도 새우깡을 던져주면 아마 그 맛에 길들여져 새우깡, 새우깡, 끼루루욱 울어댈지도 모릅니다. 정말 하찮고 엉뚱한 생각이 아닐 수 없습니다.

문득 저는 모래 위에 오이풀이 자라고 있는 것을 발견했습니다. 한국에서도 강변 습지에 잘 자라는 오이풀. 저는 너무 반가운 나머지 그 곁으로 달려갔습니다. 그런데 오이풀 속에 갈매기 깃털 하나가 비스듬히 꽂혀 바람에 나부끼는 것을 보았습니다. 저는 조심스럽게 그 깃털을 집어 들었습니다.

깃털은 한없이 가볍고 한없이 부드러웠습니다. 손가락을 간질이는 깃털로 하여 저는 갈매기 조나단 리빙스턴이 되고 말았습니다. 저의 상상은 이 예기치 않게 등장한 깃털로 하여 리처드 바크의《갈매기의 꿈》을 떠올린 겁니다.

"뼈와 깃털만 남더라도 난 상관없어. 난 저 창공에서 내가 할 수 있는 것이 무엇인지 그것이 알고 싶어."

먹이를 위해서만 살지 않겠다는 조나단 리빙스턴. 그 후예가 바로 이 깃털의 소유자는 아닐는지요. 이런 생각에 젖어 있을 무렵 저쪽에서 사진을 찍던 허영이 손짓해 부르는군요. 저는 서둘러 그쪽으로 갔습니다.

우리는 언덕을 넘어갔습니다. 호수가 내려다보이는 언덕 위에서 인디언 티피tepee를 만났습니다. 티피는 아메리카 인디언의 거주용 텐트입니다. 원추형으로 기둥을 세우고 물소 가죽을 씌워 만든 것입니다. 아메리카 인디언인 수족Sioux이 들소 사냥을 위해 평원을 이동하면서 쓰던 주거용 텐트입니다. 일반 텐트와는 달리, 안에서 모닥불을 피울 수 있다는 장점이 있습니다.

아메리카 인디언 수족의 티피를 만난 것은 참으로 뜻밖입니다. 막대 기둥 세 개를 세운 1단계 티피도 눈에 띕니다.

호수가 내려다보이는 언덕 위에서 인디언 티피를 만났습니다.
아메리카 인디언인 수족이 들소 사냥을 위해
평원을 이동하면서 쓰던 주거용 텐트입니다.

E. T. 시튼의 《작은 인디언의 숲》에 나오는 그림이 떠오릅니다. 1단계가 완성되면 2단계로 나머지 여섯 개의 기둥을 세웁니다. 그러면 아홉 개의 기둥이 세워지는데, 마지막으로 한 개 남은 기둥에 티피 덮개를 묶습니다. 그것을, 세워진 기둥에 빙 둘러치면 티피가 완성된다고 합니다.

안을 들여다보니 가운데로 모닥불을 피우기 위한 돌들이 빙 둘러 있습니다. 비록 물소 가죽으로 된 천막은 아니지만 내부를 들여다볼 수 있다는 것이 신기했습니다. 모두들 흥미로워했습니다. 연신 카메라 셔터를 눌러대기에 바쁩니다.

아마 어떤 의식을 행하는 곳일지도 모릅니다. 독수리와 갈매기의 깃털을 매달고 색색의 리본이 바람에 휘날리는 모습은 고즈넉하고 매력적인 풍경이 아닐 수 없습니다. 어쩐지 마음이 편안해졌습니다. 바다 같은 호수는 여전히 청회색 연무로 자욱하여 수평선이 보이지 않습니다. 이토록 거대한 호수 한가운데 저는 원초적 그리움으로 먼 데를 응시합니다.

대체 저희는 무엇을 찾기 위해 예까지 온 것일까요.

올혼섬에선 때로 길을 잃는다

다섯 대의 우와직은 사륜구동이라 어떠한 험한 지형에도 거뜬히 주행할 수 있습니다. 우리가 탄 차의 운전기사 이름은 '발로자'라 했습니다. 애칭으로 '보바'라 한답니다. 보바. 어쩐지 이상합니다. 변사또가 묻습니다.

"당신 보바야, 바보야?"

보바를 거꾸로 하면 바보가 되는데 어쩌면 그 애칭을 어떤 짓궂은 한국 사람이 장난삼아 지어준 건 아닌지 자못 의심쩍었습니다. 인솔자의 통역으로 물어보니 그건 아니라고 했습니다. 보바의 바로 옆자리에 앉은 변사또가 "어이 바보!" 하고 일부러 부르면 "노노. 보바. 보바" 하고 운전기사는 고쳐 부르곤 했습니다. 그렇게 이름 하나로 우린 유쾌해졌고 금세 친해질 수 있었습니다.

이 사람은 부랴트인입니다. 서른 중반의 나이에 순한 인상입니다. 한국인과 똑 닮았습니다. 어떻게 구워삶았는지 보바는 변사또의 말이라면 무조건 오케이였습니다. 변사또가 "바보, 워이다!"라고 추겨세우면 보바는 신이 나 언덕길을 마구 달려 올라가곤 했습니다.

'워이다'는 우리말로 '당신 최고야'라는 뜻이라고 합니다. 이젠 우리의 기사 보바는, 바보든 보바든 개의치 않는 모양입니다. 그저 웃으며 변사또가 하자는 대로 합니다.

그렇게 광야를 달렸습니다. 그러다 어느 땐 깊은 숲속을 지나갔습니다. 그리고 또다시 구릉과 구릉의 연속을 파도 타듯 넘었고, 때때로 작은 사막을 단숨에 건너기도 했습니다. 예수가 헤맨 광야가 이러한 것일까 하는 생각이 들 정도로 황량한 벌판이었습니다.

'올혼'은 '메마른'이란 뜻이라고 합니다. 실감 나는 말입니다. 바람과 자욱한 먼지와 자갈과 낮은 풀들, 그리고 회청색 연무로 마치 이 벌판은 최후의 무엇을 준비하는 무사들처럼 침통하고 엄숙했습니다.

태양은 외롭게 오렌지빛으로 익어갔습니다. 우린 보바의 도움으로 여러 신神 터를 돌아다녔습니다. 하나하나의 돌무더기와 하나하나의 오색 천이 나부끼는 신목을 보고 또 보았습니다. 때론 가파르게 경사진 구릉을 올라가, 하늘을 찌를 듯이 솟아오른 신목 곁에서 자랑스럽게 사진을 찍기도 했습니다.

한데, 너무 돌아다닌 모양입니다. 다른 차들이 보이지 않았습니다. 남은 건 보바의 낙오병들뿐이었습니다. 변사또 부부, 허영, 박성호 부부, 저 이렇게 여섯이 남았는데, 그 여섯은 기어코 막막한 벌판에 버려진 낙동강 오리알 신세가 되고야 말았습니다.

설상가상으로 자동차 뒷바퀴도 펑크가 났습니다. 어찌나 험하게 쏘다녔던지 그렇게나 난폭하고 거만하던 몽골 기마병(우와직)이 침묵의 대지에 힘없이 무릎을 꿇은 것입니다. 그런데 타이어를 교체하는 보바의 표정이 가관입니다. 초조한 기색도 없이 그저 담담합니다. 가끔씩 빙그레 웃기까지 합니다.

'잠시 쉬어갈 때도 있는 법입니다, 인생은.'

그런 묘한 표정 속에 전 느긋한 올혼의 영혼을 만났습니다. 목표는 호보이곶이니 그곳으로 가면 다 만날 수가 있게 된다는 걸 저는 그제야 깨달았습니다. 저는 주위를 둘러보았습니다. 그때 야트막한 언덕 저쪽에서 '은빛으로 빛나는 무엇'이 언뜻 보였습니다. 그 '무엇'인가가 조용히 이쪽을 바라보고 있는 것을 저는 느낌으로 감지했던 것입니다.

그 '은빛으로 빛나는 무엇'은 자욱한 연무 때문에 태양이 빛을 잃었음에도 은은히 광채를 내뿜고 있었습니다. 참으로 기품이 느껴지는 '무엇'이었습니다. 그쪽을 손가락으로 가리키며 저게 뭘까, 하고 허영에게 물어보았습니다. 하지만 허영의 눈엔 아무것도 보이지 않는다 했습니다. 저는 저도 모르게 그쪽으로 걸음을 옮겼습니다. 허영이 부르는 소리에 '저기 좀 다녀올게' 하는 뜻으로 저는 허공에다 팔을 뻗어 가볍게 손을 흔들어주었습니다.

무엇일까. 저 반짝이는 것은? 그건 제게 있어 몽환적인 무엇으로 느껴졌습니다. 무엇일까. 하지만 이 반짝이는 무엇은, 제가 다가가면 벌써 저쪽 언덕 위에 우뚝 서 있곤 했습니다.

'반짝, 하고 사라지는구나. 그리고 반짝, 하고 다시 나타나는군. 마치 빛과 같아.'

그랬습니다. 그 무엇은 빛처럼 이동하고 있었던 겁니다. 이 은빛의 형체는 흡사 빛 자체인 듯싶었습니다. 문득 제가 읽었던 포리스트 카터의 소설 《내 영혼이 따뜻했던 날들》이 떠올랐습니다. 인디언 소년인 '작은 나무'가 할아버지와 함께 한밤 내내 붉은 여우를 쫓아다녔던 이야기를 말입니다. 결국 붉은 여우를 놓치고 만 할아버지는 자신이 데리고 다니는 개를 향해 역정을 냅니다.

“개자식! 리핏 놈! 잘난 척 덤벙거리더니 또 슬리크한테 속고 말았어. 앞장 서 가던 놈이 길을 잃다니.”

슬리크란 꾀 많고 교활하다는 뜻으로, 할아버지가 붉은 여우에게 붙여준 이름입니다. 그런데 이상합니다. 야트막한 모래언덕 위에 우뚝 선 ‘그 빛나는 무엇’은 웬일인지 제가 다가가도 꼼짝도 하지 않고 서 있습니다. 그저 제가 다가오기를 조용히 기다리고 있는 듯싶었습니다.

“친구, 어서 와. 얼마나 기다렸는지 몰라” 하는 듯이.

아 그 빛나는 무엇은, 놀랍게도 은빛의 작은 여우였습니다. 저는 은여우를 처음 보았습니다. 그것도 바이칼 호수 올혼섬에서. 그렇습니다. 낯선 광야에서 전 아주 작은, 빛나는 영혼을 만나게 된 것입니다. 붉은 여우의 변종이라 알려진 이 은여우는 아주 희귀한 종입니다.

‘저 여우도 길들여지기를 바라는 것일까? 길들여진다는 건 위험한 거라고 했어.’

생텍쥐페리의 동화《어린 왕자》에서 어린 왕자가 만난 사막여우. 어린 왕자가 사막 한가운데서 뱀에 물려 쓰러져 갈 때, 여우가 어린 왕자를 홀로 지켜주는 장면은 참으로 쓸쓸하고 아름답습니다.

'사막의 여우는 어린 왕자의 죽음을 목도했지. 그렇다면 저 여우도 나의 죽음을 목도하게 될지도 몰라.'

'어쩌면… 그렇게만 된다면, 난 아주 행복해질 거야.'

'사람들은 내 육체를 찾을 수 없을 거야. 육체는 이내 소멸되고 말 테니까. 난 자유로운 영혼이 되어 어디든 갈 수 있을 거야.'

얼마의 시간 동안 그 은여우와 교감했는지를 저는 알지 못합니다. 무슨 내밀한 대화를 나눈 것도 아닙니다. 그저 서로 바라보기만 했습니다. 모든 것이 정물처럼 고요했습니다. 저는 은여우를 본 것이 아니라 빛을 보았고, 저는 빛을 본 것이 아니라 아무것도 보지 않았습니다.

시간도 정지한 듯한 오후의 광야였습니다. 은여우! 아니 빛은 반짝하고 소멸되었고, 언덕의 빈 풍경은 매우 낯설었습니다. 저는 그다음부터 방향을 잃고 헤매었습니다. 무작정 걸었습니다. 자동차가 낸 길을 비켜 어디로 가는지도 모르게 걸었습니다.

저쪽 들판에서 허영이 저를 부르며 다가오고 있었습니다.
저는 그를 향해 천천히 걸었습니다.
허영은 그런 저를 카메라에 찰칵 담았습니다.

사막을 가만히 들여다보면 작은 생명체들의 움직임이 눈에 띕니다. 흔적만 보고도 여기에 누가 있구나, 무슨 일이 일어났었구나 하고 짐작하게 됩니다. 너구리굴인지 토끼굴인지 아니면 작은 은여우의 굴인지는 모르지만 언덕 곳곳에 이런 굴들이 헤아릴 수 없이 많습니다. 순간적으로 나타나고 순간적으로 숨기 위해 파놓은 굴인 듯합니다. 마치 아파트촌을 연상시킵니다.

사막엔 아주 작은 들꽃 정원이 군데군데 펼쳐져 있습니다. 납작 엎드린 이 식물들은 이 사막의 엄연한 주인입니다. 낮은 잎과 꽃그늘 사이로 개미들이 소리죽여 행진합니다. 어디선가 여우 울음을 들은 듯싶습니다.

아 그러고 보니 저쪽 들판에서 허영이 저를 부르며 다가오고 있었습니다. 저는 그를 향해 천천히 걸었습니다. 허영은 그런 저를 카메라에 찰칵 담았습니다. 희푸른 연기는 가시질 않고 있습니다.

제가 이곳을 떠나더라도 어쩌면 제 영혼은 여기 그대로 남아 있지 않을까요? 저는 영혼이 여러 개, 여러 색깔로 존재한다고 믿고 있는 사람 중의 한 사람입니다. 그렇다면 올혼섬엔 길을 잃은 낯선 나그네 하나가 있어 지금도 은여우를 찾아 사막을 헤매고 있을지도 모를 일입니다.

호보이곶의 순례자들

제가 어디를 다녀오든 아무도 상관하지 않았습니다. 저는 타이어 갈 시간만큼만 제 자유 시간을 가졌던 겁니다. 그럼에도 그 시간은 제겐 너무나도 오랜 시간이었습니다. 아니 이제 와서 그 시간은 정지된 찰나의 시간과 공간일 뿐이었습니다.

"빛과 같은 시간이었어."

저는 이 섬의 북단 호보이곶으로 향하면서 그렇게 중얼거렸습니다. '사간 후순'에 자리한 삼형제 바위는 전설과는 달리 아주 평범했습니다. 바이칼 호수와 면한 삼형제 바위는 키를 재며 나란히 서 있었습니다. 삼형제 바위에 담긴 부랴트 설화의 대강 줄거리는 이러합니다.

올혼섬엔 초자연적인 힘을 지닌 신이 있었습니다. 그는 세

바이칼 호수와 면한 삼형제 바위는
키를 재며 나란히 서 있었습니다.

아들을 두었습니다. 세 아들은 세상 구경이 하고 싶다며 아버지에게 날개를 달아달라고 졸랐습니다. 아버지는 세 아들에게 말했습니다. "너희들은 독립된 존재가 되기를 원했다. 나는 그 소리를 들었다. 이제부터 너희들 생존은 너희들이 도모하라. 너희들은 사냥의 기술을 스스로 터득해야 한다. 절대 죽은 고기를 먹어선 안 된다." 아버지 신은 간곡한 당부와 함께 세 아들을 독수리가 되게 했습니다. 독수리가 된 삼형제는 훨훨 하늘을 날아다녔습니다. 하지만 구경하는 데만 정신이 팔려 사냥하는 방법을 터득하지 못했습니다. 그래서 항상 배가 고팠습니다. 배고픔을 이기지 못한 삼형제 독수리는 할 수 없이 들판에 쓰러져 죽은 짐승의 고기를 먹게 되었습니다. 아버지는 약속을 어긴 삼형제 독수리를 돌로 만들어 망망대해의 호수를 내려다보게 했습니다.

이 설화엔 올혼 신과 한 약속은 반드시 지켜야 한다는 의미가 내포되어 있습니다. 비록 자식이라도 신과 한 약속을 어겨선 안 된다, 그것은 신의 분노를 사게 될 뿐이다, 라는 금기禁忌가 담겨 있습니다. 또한 독립된 자유는 자신을 지켜내야 할 책임도 지닌다는 것을 의미하기도 합니다. 그렇지 않으면 썩은 고기를 먹을 수밖에 없는 신세가 되기 때문입니다.

어느 나라의 설화든 설화는 민중의 거대한 흐름을 이야기합니다. 그러므로 민중의 입에서 입으로 전해진 설화는 민중의 근간을 흐르는 사상이 되는 것입니다.

올혼섬의 최북단 호보이곶

호보이! '송곳니'란 뜻입니다. 초승달 모양의 올혼섬 북단에 있습니다. 호수 쪽에서 보면 송곳니처럼 예리하게 돌출되어 있다고 합니다. 이곳에 오면 누구나 호수가 아닌 바다를 보게 됩니다. 망망대해를 몸소 실감하게 되니까요. 이곳에서 아름다운 말라예 호수와 발쇼에 호수를 동시에 조망할 수 있다지만 제 앞엔 희뿌연 연무만 자욱할 뿐입니다.

눈이 시릴 정도로 새파란, 바다 같은 호수는 대체 어디로 가버린 것일까요. 오른쪽 깎아지른 벼랑 밑으로 유난히 짙은 빛깔의 호수가 내려다보이는군요. 바이칼에서 수심이 가장 깊은 곳이랍니다.

올혼섬엔 여행객이 꼭 가봐야 하는 곳이 두 군데가 있습니다. 하나는 샤먼 바위인 부르한 바위, 또 하나는 섬의 끝 호보이곶입니다. 이 두 곳은 샤먼들의 본향으로 알려져 있습니다. 우주의 기운을 받는 곳이라 합니다. 해마다 순례자들의 발길이 끊임없이 이어집니다. 겨울에 호수가 꽝꽝 얼면 호보이곶 동굴로 샤먼이나 순례자들이 찾아와 깊은 명상에 잠긴다고 합니다. 영하 30~40도의 강추위에도 말입니다. 순례자나 샤먼이 선정禪定에 들면, 어떠한 혹한도 견뎌낼 수 있는 뜨거운 에너지가 내부에서 방출된다고 합니다. 신비한 일입니다.

저는 칼날 같은 능선을 따라가다가 호수를 조망하기 좋은 데크deck에 다다랐습니다. 연무 때문에 모든 것이 뿌옇게 번져 있습니다. 너무나 아쉽고 안타까운 마음입니다. 연무가 끼지 않았더라면 푸른 색채의 호수와 하늘, 연필로 가늘게 선을 그은 듯한 수평선을 멋지게 조망할 수 있었을 텐데…. 아쉬운 마음에 저는 호수 밑에서 유영하고 있을 물고기들과 동물들을 상상해보기로 했습니다.

저는 이 호보이곶의 영험함을 빌려보기로 한 것입니다. 일종의 투영법입니다. 그 방법은 좀 별난 것이 아니라면 아주 즐겁습니다. 우선 남이 눈치를 채지 않는다는 조건이 붙습니다. 눈을 가늘게 뜨고 '생각의 눈'으로 호수의 수심을 가늠합니다. 아무리 흐린 날이어도 점점 호수는 투명해져서 호수 밑바닥까지 들여다볼 수 있습니다. 수심 40m가 아니라 400m 그 이상이라도 말이지요. 보입니다. 아니 들립니다. 어쩌면 제가 '생각의 눈'을 잘못 조절하여 눈이 귀가 되어버렸나 봅니다.

"올혼섬엔 북극해와 통하는 비밀 수로가 있다죠?"

"그 수로를 통해 물범인 네르파가 다닌다고 하네요."

"햇볕을 쬐면 녹아버리는 투명물고기가 있다면서요?"

"네. 이름이 '골로미앙카'라고 해요."

"기름기가 많은 물고기여서 버터가 녹듯이 녹는다는군요."

이렇게 혼자 저는 제게 묻고 대답하기 시작했습니다. 그런데 이야기 도중에 문득 저는 제 무언의 소리를 기록하는 소리를 들었습니다. 아, 예슬이입니다. 데크에 팔꿈치를 괴고 한참 동안 호수를 바라보며 상상을 즐기고 있는데 어느새 예슬이가 제 곁에 와 있었던 겁니다. 혼자입니다. 예슬이 어머니는 어디 있는 것일까요?

예슬인 공책에 무언가를 열심히 적느라 저의 존재는 거들떠보지도 않습니다. 어쩌면 예슬이의 공책엔 제가 스스로 대화한 이야기가 몽땅 적혀 있을지도 모릅니다. 그러거나 말거나 저는 개의치 않습니다.

저는 마음속 호수를 들여다보며 북극해와 연결되는 수로(안가라강과 예니세이강)와 물범과 투명물고기, 그리고 에피슈라! 호수 밑바닥에 자욱이 안개처럼 모여 있는 갑각류를 생각합니다. 생각은 곧 보임이 되고 실체가 되어 제 마음속 영상으로 떠올랐습니다.

오물을 비롯한 각종 물고기들이 부유하는 모습이 보였습니다. 농어도 있었고, 철갑상어도 있었고, 민물청어도 있었습니다. 우습게도 코에 주름이 많은 못생긴 동자개도 있었습니다. 뭐든 신기한 물고기들이 다 보였습니다. 아마도 TV에서 바이칼 다큐를 너무 많이 보았기 때문인지도 모릅니다.

'생각의 눈'인지 '생각의 소리'인지 모를, 그런 상상을 제가 하고 있었으니 참으로 우스운 일입니다. 이렇게 저 혼자만의 공상과 대화는 늘 어리석고 멋쩍은 일로 끝을 맺곤 합니다. 그런데 어쩌다 보니 제 곁에는 아무도 없다는 걸 알게 되었습니다. 예슬이도 일행 저쪽으로 가버리고, 저는 일행과 떨어져 혼자 길을 걸어가게 된 것입니다. 저는 걸음이 느릴뿐더러 이것저것 여기저기 눈여겨보느라 늘 외톨이가 되어 자주 헤매곤 합니다.

돌아오는 길에 선글라스를 끼고 서 있는 멋쟁이 신목神木을 만났습니다. 꼭 사람처럼 저를 힐끗 곁눈질하는 듯싶었습니다. 올혼의 신도 뉴패션으로 많이 개화된 모양입니다. 어쩌면 한국에서 온 여행객이 장난삼아 씌워주고 간 것일지도 모릅니다. 올혼섬은 한국인이 가장 많이 방문하는 곳입니다. 한국인은 어느 민족보다 장난기가 많은 민족입니다. 이 올혼섬은 한국인의 본향 같은 곳이어서 더욱 그러할 겁니다.

코가 참 뭉툭하게 크군요. 코가 크면 거시기가 크다는 옛말이 있습니다. 어쩐지 그 유명한 정력가 변강쇠를 닮은 듯도 합니다. 선글라스를 낀 신목은 분명 한국인일 거라고 추측합니다. 그리 생각하니 참으로 그런 것 같습니다. 한국인은 한을 지닌 민족이라 하는데 어쩌면 그 한을 극복하기 위한 방편으로 해학적이고 풍자적인 품성을 갖게 된 건 아닐까요? 이건 다분히 주관적인 제 생각일 뿐이지만요.

웃음을 주신 그분에게 감사합니다. 소품 하나로도 죽은 나무가 산 모습으로 환생하는 일이 이 올혼섬에선 언제든 일어날 수 있는 일인 듯싶습니다. 참으로 멋지고 유쾌한 오후였습니다. 그렇습니다. 올혼섬엔 선글라스를 낀 코쟁이 변강쇠가 있습니다.

돌아오는 길에 선글라스를 끼고 서 있는 멋쟁이 신목을 만났습니다.

오물국

사람들이 이 오물국을 일러 다 다르게 부릅니다. 오물죽, 오물탕, 오물스프, 오물국 등. 'omul' 표기도 오믈과 오물로 갈립니다. 오믈이라 표기하는 한국인들은 오물이 오물汚物을 연상시켜 어쩐지 내키지 않았던 모양입니다. 하지만 omul은 오물입니다. 미묘한 차이는 있지만 발음은 거의 대동소이합니다.

오물은 바이칼 호수에서만 서식하는 청정 물고기여서 러시아 사람들이 즐겨 먹습니다. 오물은 플랑크톤이나 작은 생물을 먹고 자랍니다. 연어와 비슷해서 연어과로 분류합니다. 오물의 알은 진미여서 구경하기가 매우 어렵습니다. 훈제된 오물은 시베리아 횡단열차를 타고 가는 여행객들이 많이 먹는다고 하는데 이제는 구경하기가 어려워졌습니다.

오물은 호수에서 가장 많이 잡히는 물고기이지만, 이젠 남획으로 멸종 위기 동물로 지정되어 있답니다. 허가된 사람만 이 잡을 수가 있습니다. 보호종인 셈이지요. 그래서 오물사촌이 등장하기도 합니다. 진짜 오물은 없고 가짜 오물이 진짜로 둔갑하여 팔리고 있는 것입니다.

어쩌면 인간은 바이칼 호수의 갑각류 에피슈라epishura와 다름없다는 생각이 듭니다. 하지만 민물새우 에피슈라와 인간은 엄연히 다릅니다. 에피슈라는 죽은 물고기나 동물의 시체를 먹어 바이칼을 맑게 하는 역할을 하지만 인간은 바이칼 물고기의 씨를 말리는 역할을 하는 점이 다르다면 다른 것입니다.

어쩐지 점심으로 이 물고기를 먹는다는 것이 바이칼호에 미안한 마음도 들긴 했습니다. 그래서일까요. 먹어보고 싶다는 욕망이 솟구쳐 더욱 구미를 당기게 했습니다. 오후의 늦은 야외 식사였습니다. 마치 초등학교 학생들이 소풍을 나온 양, 오물을 끓이는 모닥불 가에 여행객들이 빙 둘러앉았습니다. 운전기사들이 직접 오물을 가져와 조리를 해주고 있습니다.

조리법에 따라 오물죽도 되고, 오물탕도 되고, 오물스프도 된답니다. 저희 기사들이 만드는 조리법은 맑은 국물이 나는 것으로 보아 오물국 같습니다. 조리법은 아주 간단합니다. 오물과 함께 감자와 당근을 넣고 올리브 나뭇잎을 띄워 끓이

조리법에 따라 오물죽도 되고, 오물탕도 되고,
오물스프도 된답니다.

다가 후추와 향신료를 뿌리면 완성됩니다. 고춧가루와 고추장을 얼큰히 풀었다면, 아마 오물매운탕이 되었을 겁니다. 실제로 일부 한국인들은, 가지고 간 고춧가루와 고추장을 풀어서 자신들 입맛에 맞게 조리하여 먹는다고 합니다.

오물국은 맛있었습니다. 구수하고 담백한 맛이었습니다. 재료 그대로의 순수한 맛이라고나 할까요? 맑은 국물을 낸 지리탕과 흡사합니다. 깔끔한 뒷맛이 오래 남았습니다. 누군가 오물국을 먹으면서 오물은 오물오물 먹어야 제맛이 아니냐며 농을 했습니다. 어쩐지 아재개그 같은 느낌이 들긴 했지만 그 말도 일리는 있지 싶어 절로 고개가 끄덕여졌습니다.

그릇에 남은 오물 대가리와 올리브 한 잎. 그리고 수저 한 개. 아무리 어두일미라지만 물고기 대가리를 씹어 삼킬 마음이 나질 않았습니다. 비록 죽은 눈알일망정 너무 저를 빤히 쳐다보는 것 같아 마음이 불편했는지도 모릅니다.

이것이 야외 공양을 수행한 저의 적나라(?)한 기록입니다. 소나무 숲에서 먹는 늦은 점심 식사는 한가롭고 신선했습니다. 저는 솔잎을 몇 개 따 입가심으로 씹어보았습니다. 향긋한 솔 내음은 제 고향 뒷산 솔 내음과 별반 다르지 않았습니다. 혀끝이 달았고, 삭은 막걸리 냄새 같은 시큼한 맛이 느껴졌습니다. 아마 그 솔 내음이 저를 이곳까지 이끌어오지 않았나 싶을 정도였습니다.

다들 무슨 맛이냐고 묻긴 해도 저처럼 솔잎을 씹진 않았습니다. 혹시 독성물질이 있으면 어떡해, 하는 눈치였습니다. 저는 그러거나 말거나 피뢰침 같은 솔잎을 몇 개 더 따내어 입에 넣고 우물거렸습니다. 어린 시절 산에 다닐 때 늘 하던 버릇입니다.

사실 저처럼 솔잎을 씹는 한국인들이 많아진다면 여기 소나무는 모두 대머리가 되어 고사하고 말 겁니다. 그래서 인간 송충이 짓은 그만하기로 했습니다. 솔잎은 한두 개 따서 씹는 맛이 그만입니다. 갈증 해소에 큰 도움이 될뿐더러 향이 오래도록 입안에 남습니다. 그러나 많이 씹지는 못합니다. 입안이 텁텁하고 떫어지기 때문입니다.

여행 중에 길가 소나무를 만나시거든 솔잎 한두 개쯤 뜯어 씹어보세요. 민간요법엔 울렁증뿐만 아니라 당뇨가 있으신 분, 혈압 높으신 분에게도 이 솔잎은 효과가 매우 좋다고 기록되어 있습니다.

사랑하기 위해 태어나라

이제는 돌아가야 합니다. 돌아가 후지르 마을의 마지막 밤을 위해 모닥불을 피워야 합니다. 만남이 있으면 반드시 이별해야 하는 것이 자연의 이치입니다. 올혼의 사랑 바위에서 우린 한 편의 연애시를 쓰고 미련 없이 돌아가야 합니다.

호보이곶을 떠나 다다른 사랑 바위는 황량한 초원 끝에 있었습니다. 바다를 면한 두 개의 바위가 토끼 귀를 세우고 우리를 맞이했습니다. 하트 모양으로 되어 있어서 하트 바위라고도 부른답니다.

오른쪽 봉우리엔 여자가 오르고 왼쪽 봉우리엔 남자가 올라 소원을 빌면 자식을 생산할 수 있다는 속설이 있다고 합니다. 일설엔 오른쪽 바위를 오르면 남자아이를, 왼쪽 바위를 오르면 여자아이를 낳는다고도 합니다. 구전되는 이야기가 조금씩 달리 전해지는 것은 전달되는 과정에서 변형되거나 새로이 이야기가 가미되었기 때문일 겁니다.

어쩐지 우리나라 음과 양의 바위 전설을 듣는 듯싶었습니다. 가운데 오목 파인 곳이 자궁이어서 남녀가 합궁하는 형상을 하고 있는데 그 안쪽으로 들어가면 신비한 비경이 펼쳐집니다. 비경이어서 그런지 상당한 위험을 내포하고 있습니다. 깎아지른 벼랑 밑 호수는 너무나도 아득하여 현기증을 일으킬 정도입니다. 사람이 다니는 좁은 길은 난간도 없이 그냥 비탈길 그대로여서 어지간한 배포 아니고는 지나갈 엄두조차 내지 못할 지경입니다. 하지만 무섭다고 주저하면 곁에서 놀림을 받을까 염려가 되어 다들 잘도 용기를 부려 조심조심 비탈길을 지나갑니다.

앗! 날카로운 비명이 앞쪽에서 들려왔습니다. 우린 그 비명에 모두 얼음처럼 굳어버리고 말았습니다. 밑은 천길 아스라한 벼랑입니다. 그런데 놀라운 일은 모두들 앞에서 웃고 있다는 사실입니다. 그렇습니다.

위험한 비탈길을 지나면 곧 안전하고 넓은 곳이 있다는 것을 그제야 알았습니다. 그 움푹 파인 곳에서 비명이 들린 것입니다. 아닙니다. 정확히 말하자면 우리 일행 중에서 나온 소리였거나 아니면 다른 여행객이 무엇을 보고 놀란 소리였

올혼의 사랑 바위.

을 겁니다. 다가가 보니, 소리를 지르게 한 당사자들이나 그걸 목격한 여행객은 그 자리에 없었고 바람 같은 풍문만 떠돌 뿐이었습니다.

"뽀뽀다!"

"누가?"

"두 남녀가 저 자리에서."

"우리 일행이야?"

"아냐. 외국 사람이었나 봐."

"부럽군."

"자네도 해보게."

"누구하고."

"뭐, 아무나."

"이런."

뽀뽀 정도를 가지고 뭐 그리 호들갑을 떨 필요까지는 없습니다. 다만 이곳이 남다른 곳이어서 다들 신비로운 상상을 하고 있었을지도 모릅니다. 아마 연인 사이거나 부부거나 그랬을 것이라 짐작됩니다.

바로 그 자리엔 오색 댕기가 친친 감긴 사랑의 나무가 서 있었습니다. 댕기가 바람결에 팔락이며 나부끼는 모습은 꼭

알록달록 나비 떼 같다는 느낌이 들었습니다. 어서 와 어서 와, 여기가 사랑하는 곳이란다, 그러는 것 같았습니다. 정말 그곳은 잉태의 모양을 한 신비한 곳이었습니다. 저는 마음 안에서 어떤 간절한 기도 소리를 들었습니다. 사랑은 생명임을, 사랑은 아름다운 석양임을 어렴풋이 깨달았습니다.

> 바람결에 당신의 음성이 들립니다. 당신의 숨결이 자연에게 사랑을 줍니다. 저는 당신의 수많은 자식 중에서 제일 힘없고 조그만 아이에 불과합니다. 저에게 당신의 힘과 지혜를 주소서. 저로 하여 아름다움 안에서 걷게 하시고 제 눈이 오랫동안 석양을 바라볼 수 있도록 하여 주소서.

인디언 수족의 구전 탄생기도문은 자연의 소리입니다. 어쩌면 인간은 자연 속의 한 그루 나무나 다름없다는 생각이 들었습니다. 태어나면 하늘을 보며 자라고, 구름과 비와 바람과 새들을 만나고, 가까운 이웃의 풀꽃들과 벗하면서 석양을 함께 바라보는 그런 나무 말입니다. 제 안의 나무는 조용히 가지 하나를 흔들어 제 어깨를 두드렸습니다. "사랑하기 위해 태어나라"라고 말하는 듯싶었습니다.

다시 태어나라고? 하지만 그건 매우 곤란한 문제입니다.

신비의 마법사 모닥불

우리는 모닥불가에 빙 둘러 앉았습니다. 보드카가 돌았습니다.

"보드카는 40도가 넘어야 보드카지."

어른어른한 불빛 저쪽 어둠 속에서 누군가가 말했습니다. 허영이, 올혼섬을 위하여!라고 선창을 했고, 모두들 올혼섬을 위하여!라고 잔을 높이 쳐들었습니다. 그다음에 예슬 엄마 미경 님이, 그다음엔 변사또가 제가끔 선창을 했습니다. 보드카를 위하여!라고 어둠 속에서 한 사람이 외쳤습니다. 그는 안도현 시인이었습니다. 그는 열차에서부터 늘 보드카를 마셨습니다. 그는 눈이 빛나는 뜨거운 시인입니다. 언제나 예의 바르고 정중하고 유머가 넘치는 사람이어서 인기가 많습니다.

다들 웃으며 보드카를 위하여! 하고 따라 소리쳤습니다.

누구는 올혼섬에 대해 이야기를 하고, 누구는 아쉬운 듯이 캄캄한 밤하늘을 쳐다보며 〈별이 빛나는 밤에〉를 불렀습니다. 누구는 애절한 〈동백아가씨〉를 불렀는데 그 노랜 제가 제일 좋아하는 흘러간 노래입니다. 모두들 모닥불가에서 춤도 추고 합창도 하고 즐겁게 어울렸습니다. 후지르의 밤이 깊어 가자 저는 슬그머니 일어나 언덕 쪽으로 올라갔습니다. 후지르 마을의 불빛이 한눈에 내려다보였습니다. 하늘은 여전히 흐린 채 명징한 별을 보여주지 못했습니다. 오직 후지르 마을의 불빛만이 18세기 가스등처럼 희미하게 빛날 따름이었습니다.

호수 쪽에서 바람이 불어왔습니다. 부르한 바위는 보이지 않습니다. 13개의 기둥 세르게도 역시 보이지 않습니다. 보이는 건 불빛뿐입니다. 별 몇 점이 힘없이 떨어져 시름시름 앓듯이 빛을 내고 있는 것 같았습니다. 저는 사실 이 올혼섬의 제일 높은 산을 오르고 싶었습니다. 그 산 이름은 1,276m의 지마Zhima산.

언젠가 다시 온다면 거길 가보고 싶습니다. 거의 알려지지 않은 지마산의 정상에 올라 바이칼과 바이칼을 감싸고 있는 주변 숲과 골짜기를 보고 싶습니다. 그리고 호수로 흘러드는 336개의 물줄기를 한눈에 내려다보고 싶습니다. 사실 이 물줄기를 다 볼 수 있다는 건 제 상상 속에서나 존재합니다만.

언덕에서 내려다보니 아직도 모닥불가에는 뜨거운 열정이 불타고 있었습니다. 그 불가에, 며칠 전까지는 전혀 몰랐던 사람들끼리 모여서 웃고 노래하고 환담을 나누고 별을 그리워하며 자리를 같이하고 있습니다. 사람과의 관계란 참으로 신비합니다. 인연은 그만큼 놀라운 마력을 발휘합니다. 인연이 좋지 않게 맺어지면 악연이 되지만 좋게 맺어지면 일생의 꽃향기가 됩니다.

모닥불이 그러한 매개 역할을 해내고 있습니다. 어둠도 한몫했고, 노래로 한데 마음을 모았으며, 40도의 보드카로 확실히 서로를 이해하게 되었습니다. 당연히 박인희의 〈모닥불〉이 멀리서 흘러나왔고 모두 아련히 젊은 날을 그리워하며 노래를 불렀습니다. 언덕에서 듣는 그 노랫소리는 올혼의 후지르 마을에 은은히 울려 퍼졌습니다.

모닥불. 저는 두 시인의 시를 생각합니다. 하나는 백석의 모닥불이고, 하나는 안도현의 모닥불입니다. 백석은 시집 《사슴》을 1936년 100부 한정판으로 발간했는데 거기에 시 〈모닥불〉이 수록되어 있습니다. 안도현 시인이 시집 《모닥불》을 펴낸 것이 1989년이니 어느새 30년이 흘렀습니다.

여기에서 모닥불에 대한 평이나 어떤 감상도 적지 않으렵니다. 백석과 안도현의 시대는 다른 시대이고, 그 시대의 말이나 문법이 세월의 흐름에 따라 많이 달라졌고, 역사적 현실 또한 많은 변화를 겪었습니다. 한 가지 공통점이 있다면 서러운 민초의 삶이 가슴속에 모닥불처럼 타오르고 있다는 사실 하나만은 분명한 듯합니다.

저는 제 방으로 돌아와 잠이 들었습니다. 아주 곤한 잠이었나 봅니다. 저는 제가 잠든 사이 무슨 일이 일어났는지 모릅니다. 모닥불 모임이 끝나고 젊은이 몇 분이 저의 방으로 와 술을 마셨던 모양입니다. 나중에 들어보니 잠꼬대를 심하게 해서 모두들 한바탕 웃었답니다. 그럼에도 저는 모로 누워 어디로 가는지도 모르는 먼 여행길을 헤매고 있었던 겁니다.

모닥불은 제게 꿈이고 단절이고 또 다른 세계로의 여행을 환등기처럼 보여줍니다. 어린 시절에 불장난하면 꼭 요 위에 지도를 그려놓듯이 모닥불은 필경 어떤 요원한 세계로의 길을 안개처럼 보여주는 마법의 불이 틀림없습니다.

4장

매혹

이르쿠츠크

부랴트 촌장의 정중한 환대

8월 16일 8시 30분 우린 조식을 마치고 후지르 마을을 떠나 선착장으로 출발했습니다. 우린 올혼섬을 탈출하는 피란민처럼 서둘러 우와직에 올라탔습니다. 10시에 바이칼을 건너고 전세버스로 갈아탄 다음, 끝없이 벌판을 달렸습니다. 그리고 4시간을 달려 어느 마을의 길가 식당에 멈춰 섰습니다.

미쩰리따. 눈보라라는 뜻이랍니다. 길 건너편으로 낮은 집들이 나무와 나무 사이로 딱정벌레처럼 납작 엎드려 있고, 뒤쪽으론 나무 한 그루 없는 지평선이 공허한 하늘과 맞닿아 있습니다. 마을 중앙엔 3층으로 된 파란색 기와지붕 건물이 유난히 우뚝했는데 중국풍의 건축물인 듯싶었습니다. 어쩐지 중국이나 몽골 땅을 밟은 듯한 느낌이었습니다.

여기가 이르쿠츠크 인근에 있는 '우스찌아르다'라 부르는 부랴트족의 마을입니다. 이 정도면 꽤 큰 마을이라 했습니다. 부랴트족은 바이칼 동쪽 부랴트 자치공화국을 형성하고 사는데 중심도시는 '울란우데'입니다. 우리는 며칠 전 8월 13일 밤에 그 울란우데를 통과하여 이르쿠츠크에 도착했습니다. 울란우데는 시베리아의 횡단열차가 지나는 길목에 있습니다.

우스찌아르다 마을은 과거 부랴트 자치구였으나 2000년대 주민투표로 이르쿠츠크 주와 합병된 마을입니다. 우린 늦은 점심 식사로 닭국수와 소고기가 들어간 몽골만두 호쇼루를 먹었습니다. 그리고 곧장 이 마을에 있는 민속박물관을 방문했습니다.

입구로 들어서자 마당 한가운데 제례복을 입은 두 분이 우리들을 기다리고 있었습니다. 한 분은 촌장이고 한 분은 부랴트 전통악기를 든 악사樂士입니다. 자작나무를 태우는 모닥불은 푸른 연기를 피우며 자작자작 타올랐습니다. 우린 남자부터 차례로 오른발을 들어 불가에 원을 그리면서 지나갔습니다. 아마 액을 물리치는 주술적 의미가 담겨 있을 거란 추측을 합니다. 악사는 전통악기로 연주를 했고, 촌장은 푸른색의 긴 하닥(천)에 찻잔을 받쳐 들고 서 있었습니다.

목조로 된 박물관 안은 주민들로 이루어진 열한 명의 남녀

мая

무용수와 가수, 그리고 악사들이 우리가 오기를 기다리고 있었습니다. 촌장이 간단히 인사를 하고, 곧바로 춤과 노래가 시작되었습니다. 무용수들은 손과 발을 조용히 움직여 잠재된 혼이 어깨선을 타고 흘러내리듯 춤을 추었습니다. 마치 조선의 승무를 보듯 고요한 움직임이었습니다. 어쩌면 이들의 혼이 우리의 혼과 일맥상통하는 듯싶기도 했습니다.

몸이 장대한 여가수의 노래는 그 음폭이 바리톤처럼 깊고 웅장해서 실내를 꽉 채우고도 남았습니다. 그 소리에는 묘하게도 부랴트인의 애조가 깃들어 있어서 먼 한국에서 온 손님들의 마음을 흔들어 놓았습니다.

마지막으로 우린 부랴트의 가수와 악사와 무용수들과 더불어 손에 손을 잡고 원을 돌았습니다. 이건 강강술래와 아주 흡사했습니다. 왼쪽으로 돌았다가 다시 역으로 오른쪽으로 돌며 합창을 했습니다. 무슨 노래를 했는지 기억에는 없습니다. 하지만 부랴트인과 우리 한국인은 하나의 원이 되어 함께 흥얼거렸는데 저는 저도 모르게 "강강술래 강강술래"를 외치고 있는 자신을 발견했습니다.

참으로 특이한 경험이 아닐 수 없습니다. 그렇게 우리 한국인과 부랴트인은 원초적 그리움으로 만나게 된 것입니다.

공연이 끝나고 우린 벽면에 그려진 푸르게 채색된 바이칼 호수와 주변의 녹색 숲과 동물들의 박제품을 보며 옆방으로 들어갔습니다. 그 방엔 온갖 민속품들이 잔뜩 쌓여 있었습니다. 제가 메모한 내용은 다음과 같습니다.

하닥을 양손에 길게 늘여 쥐고
왼쪽에 찻잔을 받쳐 든 샤먼 조각상.
신을 부르는 무당.
샤먼에 의해서만 자연의 모든 신과 접촉할 수 있음.

연두색 나뭇잎 아래 코끼리 한 마리.
그 등에 올라탄 원숭이와 원숭이 위에 앉은 토끼.
그 토끼 위에 두 발로 선 푸른 새 한 마리.
이 그림은 어딘지 모르게 동양의 선경이 느껴짐.
정말로 하늘엔 선경仙境의 구름 한 자락
고요히 스쳐 지나가고 있음.
어쩐지 시 같고 불교적인 색채가 풍김.
사냥꾼 부랴트인에게 아름다운 시가 스며 있음.

활시위를 당기고 있는 사냥꾼의 부조물엔
부랴트인의 용맹성과 수렵 생활을 잘 보여줌.
사냥꾼들이 순록을 사냥하는 그림 밑에는 거대한 들소들이 있음.

어쩐지 시 같고 불교적인 색채가 풍겼던 그림들이 많았습니다.

그리고 순록의 단단한 뼈와 뿔들도 있음.

순록과 들소는 부랴트인들에게

옷을 주고 고기를 주는 자연의 정령과도 같음.

사냥꾼들이 은거하는 움막 모형은

선사시대 원주민들의 삶과도 닮아 있음.

절벽을 뛰어내리는 순록의 필사적인 도주 그림은 참으로 처절함.

거대한 짐승의 턱뼈, 박제된 시베리아의 검은 곰이

아직도 시베리아의 숲과 초원을 울리고 있는 듯함.

이 외에도,

자작나무로 깎은 각종 동물들의 조각품들

사냥에 성공한 부랴트인이 환호하는 모습.

박제된 회색 늑대의 표독한 이빨.

각종 동물을 포획하기 위한 덫.

나무를 타는 삵의 교활한 눈빛.

부랴트 아이가 초원에서 새끼 말을 데리고 웃는 모습.

등에 꽂힌 화살에 신음을 내지르는 순록과

활시위를 재차 당기는 사냥꾼 그림.

붉은 천을 목에 두른 무녀 조각품과

길게 늘어진 털짐승의 꼬리.

어떤 거대한 짐승의 검은 털에 싸인 사냥꾼.

한국의 하회탈같이 나무로 깎은 부랴트인 부부.

그 조각 밑에 새겨진 다섯 아이들의 목각인형.

크고 작은 동그란 몽돌.

작은 북을 치는 근엄한 샤먼의 인형.

그리고 이때껏 보지 못한 어떤 신묘한 기운의 푸른 연기.

이것이 제가 본 시베리아의 동물들과 부랴트인들의 생활사입니다. 마치 프랑스 소설가 쥘 르나르의《박물지》가 영화처럼 주르르 흐르는 듯합니다. 이 거대한 박물들에는 오랜 역사를 통해 면면히 이어져 온 이야기들이 숨겨져 있습니다. 도처에 삶의 근육들이 꿈틀거리고 거친 숨결이 토해지며 뜨거운 피가 역류하는 듯한 전율이 느껴졌습니다.

마을 촌장과 민속공연단에게 고맙다는 인사를 하고 밖으로 나오니 부슬비가 흩뿌리고 있었습니다. 마을은 고요했고 사람들은 보이지 않았습니다. 거리의 가로수들만이 마른 잎을 적시며 이르쿠츠크로 떠나는 우리를 멀리 배웅하고 있었습니다.

민속박물관 벽면 조각.

시베리아의 매혹 이르쿠츠크

유형지 이르쿠츠크

18세기 러시아인들은 시베리아를 다음과 같이 불렀습니다. 그곳은 야만의 땅, 거친 황야, 동토, 불모지, 어두운 타이가 숲, 늑대 우는 황무지, 그리고 미개한 샤먼의 땅이라고.

러시아 황제는 자신을 거역하는 정적들을 쫓아내 시베리아 정치범 수용소에 가두었습니다. 그곳에서 정치범들은 가혹한 강제노역으로 죽어갔습니다. 시베리아 즉 Sibir라는 단어는 '시베리아의 환경처럼 잔인하고 가혹하다'라는 뜻의 Sibirnyi란 단어로 파생되었습니다. 작가 도스토옙스키는 28세 때 시베리아의 옴스크로 유배되어 그곳에서 겪은 4년 동안의 수용소 생활을 낱낱이 기록했습니다. 《죽음의 집의 기록》이 바로 그것입니다.

그로부터 시베리아는 죽음의 유형지로 인식되었습니다. 시베리아는 동토의 땅이며, 야만의 땅이며, 사악한 살인범이나 정치범이 득시글거리는 땅이며, 한 번 들어가면 다시는 돌아올 수 없는 원귀의 땅으로 러시아인들의 뇌리에 뿌리박혔습니다. 그런 시베리아가 변화하기 시작한 것은 아이러니하게도 한 편의 순애보가 큰 역할을 했습니다.

시베리아에서도 큰 도시 중 하나가 이르쿠츠크입니다. 이르쿠츠크는 시베리아의 도시 중 가장 오랜 역사를 지니고 있습니다. 인구 60만의 이르쿠츠크는 바이칼의 서쪽 끝에 있습니다. 바이칼을 사이에 두고 반대쪽엔 부랴트 자치주 울란우데가 자리합니다. 이르쿠츠크는 남으로 몽골과 중국, 동으로 하바롭스크와 블라디보스토크, 서로는 러시아의 수도 모스크바와 연결됩니다. 북쪽으론 바이칼호의 물이 안가라강을 따라 예니세이강과 합쳐지고, 그 흐름이 마침내 차디찬 북극해에 닿게 됩니다. 또한 이르쿠츠크는 모스크바와 블라디보스토크를 연결하는 러시아 횡단열차의 중간지점에 있습니다.

처음엔 이르쿠츠크 역시 러시아의 정치범을 수용하는 유배지였습니다. 그런 이르쿠츠크가 변화하기 시작한 것은 청년장교 데카브리스트들이 유배를 오고부터였습니다.

데카브리스트

데카브리스트. 러시아어로 '데카브리'에서 유래한 말인데 12월이란 뜻입니다. 1825년 12월에 청년장교들이 혁명을 꾀했기 때문에 이들 데카브리스트들을 '12월혁명당원'이라 부릅니다. 그러면 12월 혁명은 어떻게 일어난 것일까요? 그것은 나폴레옹과 밀접한 관련이 있습니다.

18세기 프랑스는 성직자, 귀족, 평민 세 신분으로 나뉘어 있었습니다. 제1신분인 성직자와 제2신분인 귀족들은 세금을 한 푼도 내지 않았습니다. 그럼에도 전체 인구의 2%밖에 안 되는 그들이 토지의 40%를 소유했으며 관직도 독점했습니다. 하지만 제3신분인 평민은 무거운 세금을 부담해야 했고 정치에 참여할 수도 없었으며 어떠한 권리도 주장할 수 없었습니다.

루이 16세의 왕비 마리 앙투아네트의 호화로운 사치 생활, 매일 여는 파티, 계속되는 흉년으로 왕궁의 재정이 파산 지경에 이르자 루이 16세는 평민에겐 세금을 더 올리고, 세금을 물리지 않던 귀족에게도 세금을 징수하는 정책을 폈습니다. 당연히 과중한 세금에 평민들의 분노는 극에 달했고 귀족들도 이에 크게 반발했습니다. 1789년 7월 바스티유 감옥을 무너뜨린 시민혁명군은 루이 16세와 마리 앙투아네트를 기요틴(단두대)으로 처형합니다. 그리고 자유 · 평등 · 박애의 공화정을 선포하게 됩니다. 그러나 로베스피에르가 등장하여 혁명에 반대하는 사람들을 모두 기요틴으로 처형합니다. 기요틴은 공포의 상징이었습니다. 당시 감옥에 갇힌 사람이 50만. 결국 로베스피에르도 기요틴의 이슬로 사라졌습니다. 이 혼란한 틈을 놓치지 않고 나폴레옹이 쿠데타를 일으켜 정권을 장악했습니다.

스스로 황제에 오른 나폴레옹은 혼란스러운 정국을 안정시켰습니다. 나폴레옹은 러시아와 오스트리아를 격파하고 '라인연방*'을 결성하여 맹주가 되었습니다.

그 후 나폴레옹은 프로이센, 네덜란드, 이탈리아 등 여러 나라를 정복했지만, 넬슨이 이끄는 영국군에겐 패하고 말았습니다. 처음 유럽 여러 나라는 프랑스 군대를 열렬히 환영

***라인연방** 라인동맹이라고도 부른다. 남서독일 16개국 동맹. 가맹국은 주권국가를 선언하고 독일제국으로부터의 탈퇴를 선언함으로써 프란츠 2세는 제위에서 물러나고 신성로마제국은 역사의 막을 내린다.

했습니다. 프랑스 혁명의 정신인 자유, 평등, 박애가 널리 퍼졌기 때문입니다. 그러나 곧 나폴레옹의 정복야욕을 깨닫게 되었고 나폴레옹에게 저항하기 시작했습니다. 그 저항이 나라마다 민족의식을 싹틔우는 계기가 되었습니다.

그러나 나폴레옹은 프로이센, 네덜란드, 이탈리아 등 주변국들을 차례로 정복했습니다. 전쟁은 프랑스 국민을 단결시켰고 프랑스는 강대해졌습니다. 나폴레옹은 영국과 프랑스 사이에 대륙봉쇄령을 내려 영국을 고립시키고자 했습니다. 그러나 러시아는 아랑곳하지 않고 영국과 무역을 계속 이어나갔습니다. 이에 나폴레옹은 60만 대군을 이끌고 러시아 원정길에 나서게 됩니다.

나폴레옹의 대군이 1812년 9월 모스크바로 무혈 입성했을 때 도시는 사람 하나 눈에 띄지 않았습니다. 식량창고도 텅 비어 있었습니다. 게다가 화재가 일어나 6일 동안 모스크바 목조가옥 대부분이 불타버렸습니다. 곧 겨울이 닥쳐오고 현지에서의 보급품 조달도 어려워지자 하는 수 없이 나폴레옹군은 퇴각할 수밖에 없었습니다.

퇴각하는 나폴레옹군과 추격하는 러시아군 사이에 전투가 벌어져 나폴레옹군은 대패하고 맙니다. 군사의 대부분을 잃은 나폴레옹군은 살아남은 병사가 10만이 채 안 되었다고 합니다. 러시아군은 파리까지 추격하여 전투를 벌였습니다. 이때 유럽의 문화와 정치를 접한 러시아의 젊은 장교들은 프랑스의 자유와 평등사상에 깊은 영향을 받게 됩니다.

그리하여 젊은 장교들은 러시아의 농노제와 전제군주정치의 폐지를 내세우고 입헌정치를 구현코자 혁명을 일으키게 됩니다. 그것이 12월 혁명입니다.

혁명의 실패와 유배

1825년 황제 알렉산드르 1세가 죽자 그의 동생인 니콜라이 1세가 제위를 물려받습니다. 그해 12월 14일 충성서약식이 있던 날 황제를 암살하고 혁명을 완수하려던 계획은 수포로 돌아가고 맙니다. 혁명을 주도한 지도자 트루베츠코이가 종적을 감추었기 때문입니다.

이 반란 사건으로 600여 명이 체포되고, 파벨 페스텔 대령을 포함한 주모자 5명이 교수형에 처해졌으며, 120여 명은 먼 시베리아로 유배되었습니다. 후세의 역사학자들은, 젊은 장교들이 민중을 외면하고 군대를 동원하여 무력으로 뜻을 이루려 했던 것을 실패 원인으로 꼽습니다. 하지만 농노제 폐지와 더불어 차르 전제정치를 타도하고 공화제 정치를 시도하려 한 이들 청년장교들의 뜻은 러시아 사회에 큰 반향을 불러일으켰습니다.

유배지에서 꽃 핀 순애보

지금은 박물관으로 개조되어 운영되고 있는 볼콘스키의 집에 당도한 때는 오후 4시경. 하늘엔 잿빛 구름이 외인군단처럼 낮게 깔려 있었습니다. 전통 유럽풍의 2층 목조건물은 사방 맑은 유리창으로 둘러싸여 있었습니다. 청회색 페인트 칠을 한 외벽으로 촘촘히 박힌 네모 난 유리 창틀이 나란히 정렬해 있었습니다. 해가 든 날이었다면 참으로 눈이 부셨을 겁니다. 우아한 건물 외관만 보아도 이 집 주인의 성품이 어떠한가를 미루어 짐작할 수 있습니다.

밖엔 하얀 벤치 두 개가 가지런히 현관 앞에 놓여 있었습니다. 찾아오는 손님들이 편안히 앉아 쉬는 곳이었습니다. 저는 볼콘스키와 그의 아내 마리아가 하얀 벤치에 앉아서 다정하게 이야기를 나누는 모습을 잠시 상상해보았습니다. 그러나 실제로 이들은 유배 생활에서 풀려난 후 거의 별거 생활을 했다고 합니다.

이르쿠츠크에 두 혁명가가 있습니다. 한 사람은 트루베츠코이, 또 한 사람은 세르게이 볼콘스키입니다. 이들은 대귀족

가문 출신으로 황실의 최측근이었습니다. 황제에게 반역을 저질렀지만, 이들 가문은 유럽의 각 나라 왕실과도 혼인을 맺어 황제도 이들을 함부로 죽일 수 없는 처지였습니다. 새로운 황제는 이들에게 시베리아 유형을 명하고 결혼한 젊은 장교 부인들에게 두 가지 길을 선택하라는 명령을 내립니다.

황제에게 반역한 남편을 버리고 재가再嫁하여 귀족의 신분으로 영화를 누릴 것이냐, 아니면 귀족의 특권을 버리고 남편을 따라 유배지로 떠날 것이냐를 선택하라는 것이었습니다. 젊은 장교들과 결혼한 귀족부인 열한 명이 후자의 길을 선택합니다. 상트페테르부르크에서 이르쿠츠크까지 닿으려면 썰매를 타고 40여 일을 밤낮을 쉬지 않고 달려야 했습니다.

도처에 위험이 도사리고 있었지만, 첫 번째로 이르쿠츠크에 도착한 이가 예카테리나 트루베츠카야였습니다. 하지만 남편 트루베츠코이가 수용된 정치범 수용소까지는 또다시 먼 길을 가야 했습니다. 꽁꽁 얼어붙은 바이칼 호수를 건너야만 닿을 수 있는 곳에 네르친스크 수용소가 있었습니다. 그곳에 유형인들이 노역할 은광산이 자리하고 있기 때문입니다.

니콜라이 1세는 남편을 따라 시베리아로 떠나는 데카브리스트 부인들에게 다음과 같이 명령합니다.

첫째, 재산은 가져갈 수 없다. 하인도 데려갈 수 없다. 지방 총독은 데카브리스트 부인들에게 특별한 법의 보호를 베풀지 말라.

둘째, 데카브리스트들이 유배 중 아이를 낳게 되면 그 아이는 그 지방 농부들과 다름없이 취급한다.

셋째, 황제가 특별히 허가한 경우 외에는 데카브리스트 가족은 상트페테르부르크로 돌아올 수 없다.

수형인들은 쇠사슬이 달린 족쇄를 끌면서 광산에서 혹독하게 일해야 했습니다. 족쇄의 무게가 무려 12kg이었습니다. 부인들은 족쇄가 채워진 남편의 발목에 입술을 대면서 사랑을 맹세했다고 합니다. 예카테리나도 그랬고 마리아도 그랬습니다.

부인들은 허름한 통나무집을 얻어 남편의 뒷바라지를 시작했습니다. 누우면 머리가 나무벽에, 발끝은 문 앞까지 닿을 정도의 좁은 집에서 부인들은 남편들과 다름없이 생활해야 했습니다. 아침에 일어나면 언 나무 벽에 머리칼이 달라붙어 떨어지지 않았습니다. 그만큼 혹독한 추위였습니다.

부인들은 스스로 직접 빵을 굽고 밭을 일구었습니다. 간단

데카브리스트 수용소.
수형인들은 쇠사슬이 달린 족쇄를 끌면서
광산에서 혹독하게 일해야 했습니다.

한 가구는 손수 만들어 썼습니다. 그리고 이틀에 한 번씩 남편에게 면회를 가 남편의 옥바라지를 했습니다. 손끝에 물 한 방울 묻히지 않던 그네들로선 얼마나 가혹한 시련이었겠습니까? 유형 생활을 뒷바라지하던 부인이 혹한에 얼어 죽자 부인의 뒤를 따라 목숨을 버리는 청년장교도 있었습니다. 이 데카브리스트들과 부인에 관한 애절한 이야기는 훗날 문학의 훌륭한 소재가 되어 시베리아 유배 문학의 꽃을 피웠습니다.

대표적으로 톨스토이는 숙부 볼콘스키를 모델로 《전쟁과 평화》를 썼고, 푸시킨은 젊은 데카브리스트에 대한 사랑의 시를 썼습니다.

예카테리나 트루베츠카야는 남편 트루베츠코이에게 매우 헌신적이었습니다. 그리고 그녀는 상트페테르부르크에서 친척들이 보내온 약품들을 지역 농민들에게 나눠주곤 했습니다. 그녀는 언제나 다정하고 친절하게 농민을 대했습니다. 예카테리나 트루베츠카야는 '명철한 지혜와 선한 가슴을 지닌, 무한한 자비의 화신'으로 농민들에게 존경받았습니다.

그리고 또 한 사람 마리아 볼콘스키야. 항간에, 마리아는 푸시킨의 애인이었다는 소문도 있고, 나이 차이가 많은 볼콘스키와 정략결혼을 했다는 이야기도 있습니다. 하지만 마리아는 남편을 따라 시베리아의 유배지로 떠나 온갖 고초를 다 겪었습니다.

1844년 러시아 황제는 볼콘스키의 유배 생활을 풀어주고 그 가족에게 이르쿠츠크에 정착하도록 허락합니다. 그로부터 마리아는 이르쿠츠크의 사교계에 화려하게 등장합니다. 그녀의 집은 이르쿠츠크를 대표하는 살롱이 되었습니다. 그녀의 집에선 정치토론, 음악회, 낭독회, 연극 등이 매일같이 열렸습니다. 하지만 볼콘스키는 아내 마리아의 사교 활동을 못마땅해했습니다. 그래서 그는 살롱으로 변한 아내의 집엔 거의 가지 않았습니다. 볼콘스키는 따로 자신의 거처를 정하고 그곳에서 지냈습니다. 사실 이들은 유배지를 떠나 이르쿠츠크에 정착한 이후론 이혼한 것이나 다름없었다고 합니다.

사람들은 볼콘스키를 농민공작이라고 불렀습니다. 볼콘스키는 상류사회의 사교계와 등을 지고 농민의 지도자가 되기로 결심합니다. 새로운 종자를 구입해 보급하는 동시에 대도시에서 농업 서적을 구하여 농민들에게 읽도록 했습니다. 그는 가난과 무지를 깨치기 위해 온 힘을 다 기울였습니다. 인간답고 가치 있는 삶, 이것이 볼콘스키가 지향하고자 하는 꿈이었습니다. 그는 시베리아의 농민으로 거듭났습니다. 생각해보면 볼콘스키는, 19세기 후반 러시아에서 일어난 브나로드* 운동의 선구자였던 셈입니다. 그는 천민이 쓰는 러시아 말을 썼고, 밑바닥 생활을 하면서 진정한 러시아인이 되고자 했습니다.

반대로 마리아는 상류사회의 언어인 프랑스 말을 썼고 이르쿠츠크 사교계의 여왕이 되었습니다. 그녀는 고아원과 극장 등을 짓는 데 지대한 공헌을 했을 뿐만 아니라 이르쿠츠크가 더욱 세련된 파리풍의 도시로 변모하는 데 크게 기여했습니다. 니콜라스 1세의 특별사면으로 영지와 재산을 되찾은 볼콘스키는 생활이 넉넉해졌음에도 마리아 곁으로 돌아오지 않았습니다. 20년 유형 생활의 순애보는 각자가 지향하는 삶의 길로 갈라지고 말았던 것입니다.

데카브리스트 박물관 둘러보기

실내로 들어서자 고음의 아름다운 목소리가 울려왔습니다. 홀에서는 작은 음악회가 열리고 있었습니다. 음악회 프

*브나로드(Vnarod) 러시아어로 '민중 속으로'를 뜻하는 말로, 19세기 신념과 열정을 지닌 젊은 지식인층이 전개한 농민계몽운동을 말한다.

로그램을 보니 프랑스 가수가 노래를 부르고 있었습니다. 프로그램엔 푸시킨의 시도 들어 있었고, 차이콥스키의 로망스도 들어 있었습니다. 연주는 이르쿠츠크 필하모닉 단원들이었습니다. 우린 현관 복도에 앉아 노래와 연주를 들었습니다. 행복했습니다. 우리 모두 감동을 받았습니다.

아 여기가 마리아의 집이구나. 당시에도 이런 음악회가 수시로 열리곤 했었다지. 저는 마음속으로 그날을 상상하면서 마냥 즐거워했습니다. 시간 때문에 더 이상 지체할 수 없다는 것이 무척이나 안타까웠습니다. 하지만 우리는 2층 계단을 오르면서도 음악을 들었고, 진열장 안의 1m가 넘는 긴 담뱃대를 보면서도 로망스를 들었습니다. 부인들의 초상화, 그 옛날 연주했다던 고풍스런 피아노 앞에서 우린 〈아름답고 푸른 도나우〉를 들었습니다. 온 집 안에 푸른 도나우의 잔물결이 반짝이는 듯했습니다.

밖으로 나왔을 때 검은 고양이 한 마리가 열대식물 정원의 파인애플 나무 밑을 지나가고 있었습니다. 시베리아에 파인애플이 자란다는 것도 신기했지만 검은 고양이는 참으로 기품이 있어 보였습니다. 중세의 기사와도 같이 느린 보폭으로 저쪽 우물 쪽을 향해 걸음을 옮겼습니다. 거기엔 놀랍게도 둥글고 작은 우물과 도르래와 두레박이 있었습니다. 어디서 많이 본 풍경입니다. 생텍쥐페리의 《어린 왕자》에 등장하는 사막의 우물. 주변을 모두 사막으로 바꿔 생각한다면 영락없는 그 우물이 맞습니다.

이 집 주인은 어린 왕자를 생각하고, 사막의 여우가 들르던 우물을 일부러 파 놓은 것은 아닐까요? 하지만 그럴 리는 없습니다. 생텍쥐페리가 《어린 왕자》를 출간한 해가 1943년. 그는 그 이듬해 사막에서 실종되었습니다. 그러하니 마리아의 우물이 훨씬 더 이전의 것임을 알 수 있습니다.

제 눈엔 물을 길어 올리는 어린 왕자의 손길이 보이는 듯했습니다. 그 도르래의 소리가 제 귀에 쟁쟁히 울려 퍼졌습니다. 마치 우물물에 햇살이 출렁이는 듯 그 도르래의 노랫소리는 눈부시고 달콤했습니다. 아마도 안에서 밖으로 흘러나오는 음악 때문에 그랬던가 봅니다.

여행은 상상입니다. 그 상상으로 하여 여행은 더욱 풍요로워지는 법이니까요.

어느새 검은 고양이도 감쪽같이 사라져버렸습니다. 그 고양이를 사막의 여우라 생각하고 우물에 가보려 했으나 제가 구축해놓은 상상이 깨질까 두려워 먼발치에서만 바라본 후 발길을 돌렸습니다. 저는 현실이 주는 메마름보다 상상이 주

콜차크 제독 동상 아래엔 제정 러시아 백군과 소비에트 적군이
서로 총을 내려놓고 화해하는 부조상이 새겨져 있어
진정한 평화의 의미를 상징하고 있습니다.

는 즐거움을 택하기로 했기 때문입니다.

즈나멘스키 수도원

시베리아 최초의 여성수도원 즈나멘스키. 처음엔 목조건물이었으나 후에 석조건물로 재건축했다고 합니다. 수도원 앞엔 콜차크 제독의 동상이 서 있습니다. 콜차크는 적군 볼셰비키에 대항한 제정 러시아 백군의 최고 사령관입니다.

한국에서도 콜차크 제독을 소재로 한 영화가 2009년에 상영된 적이 있습니다. 그 영화 〈제독의 연인〉을 저는 비디오로 보았습니다. 제1차 세계대전에서 해군 함장으로 독일군과 싸워 승리한 콜차크는 승리 축하 파티에서 운명의 여인 안나와 만나게 됩니다. 그네는 콜차크의 부하인 티미레프의 부인이었습니다. 콜차크와 안나는 곧 사랑에 빠지게 됩니다. 그 후 제독이 되어 안나와 헤어지려 했으나 안나는 콜차크를 잊지 못합니다. 적백내전이 치열해질 무렵 안나는 콜차크가 지휘하는 백군의 간호사를 자원하여 콜차크를 만나게 됩니다. 하지만 백군이 적군에게 패퇴하고 결국 콜차크는 적에게 붙잡혀 이르쿠츠크 안가라강 기슭에서 총살당하고 맙니다. 그 자리에 동상이 세워졌는데 바로 즈나멘스키 수도원 앞입니다.

콜차크 제독은 러시아의 화합과 조국애를 드높였다고 하

여 나중에 명예회복이 되었습니다. 2002년 상트페테르부르크, 2004년 이르쿠츠크에 동상이 세워졌습니다. 상트페테르부르크에 있는 동상은 긁히거나 낙서 자국으로 훼손되는 일이 많지만, 이르쿠츠크의 동상엔 사람들이 바친 꽃으로 늘 풍성합니다.

콜차크 제독 동상 아래엔 제정 러시아 백군과 소비에트 적군이 서로 총을 내려놓고 화해하는 부조상浮彫像이 새겨져 있어 진정한 평화의 의미를 상징하고 있습니다.

수도원 정원엔 데카브리스트 트루베츠코이의 부인인 예카테리나 트루베츠카야와 그녀의 딸이 함께 묻힌 소박한 묘지가 있습니다. 러시아 농민의 존경을 한 몸에 받았던 그 부인은 후세 사람들에게도 사랑과 존경을 받고 있다고 합니다. 러시아 사람들이 가장 오래 머무는 묘지가 예카테리나 트루베츠카야 가족묘지라고 합니다. 우리도 그 자리에 잠시 머물러 그들을 생각했습니다.

또한 수도원 정원에는 시베리아를 처음 발견한 셸리호프의 묘지도 있습니다. 시베리아를 발견한 탐험가여서인지 제법 규모가 큰 석탑 하나가 우뚝하니 서 있었습니다. 그를 사람들은 시베리아의 콜럼버스라 부른다고 합니다. 그러나 그

이면을 들춰보면 착취와 약탈의 주범이었음도 부인할 수 없습니다.

1784년 러시아의 모피 상인인 셸리호프는 탐험대를 이끌고 알래스카 코디악섬에 상륙합니다. 그는 코디악 원주민들을 내쫓고 그곳에 수산물 모피공장을 설립합니다. 그 후 1799년 러시아는 알래스카를 러시아령 아메리카로 선포합니다. 그리고 알래스카 원주민인 알류트인을 협박하여 해달을 사냥하도록 강요하고 이에 반발하는 원주민을 무참히 학살합니다.

하지만 가장 끔찍한 것은 질병이었습니다. 러시아인과의 접촉으로 알류트인 80%가 전염병으로 사망합니다. 유럽인들이 가지고 있는 유라시아 질병이 내성이 없는 이들에게 전염되었기 때문입니다.

1867년 러시아는 알래스카와 그 부속 도서를 720만 불의 헐값으로 미국에 팔아넘깁니다. 이유는 해달이 거의 멸종되어 흥미를 잃었을 뿐만 아니라, 3년여간 치른 크림전쟁으로 러시아 황실의 재정이 바닥났기 때문입니다. 셸리호프의 석탑엔 항해를 상징하는 닻과 지도가 조각되어 있어 그의 항해 이력을 상징적으로 대변하고 있습니다.

배 모양의 녹색 돔과 흰 종탑이 하늘을 이고 서 있는 즈나멘스키 수도원의 모습이 무척 인상적입니다. 크지는 않으나 고풍스럽고 깔끔했습니다. 외부 벽면엔 성인들의 프레스코화*가 빙 둘러 그려져 있습니다. 우리나라 절에 가면 옆면과 뒷면에 심우도**가 빙 둘러 그려져 있는 것과 흡사합니다.

안으로 들어가자 하얀 옷을 입은 흑인 신부와 검은 얼굴의 마리아가 그려진 벽화를 만났습니다. 참으로 특이한 벽화였습니다. 내부의 장식은 놀라울 만큼 화려했습니다. 정교하게 그려진 성화와 금빛 색채는 눈이 부실 정도였습니다.

흰옷 입은 신부 한 분이 신도들 이마에 성호를 그어주고 있었습니다. 신부가 나오자 신도들이 따라 나와 신부 앞으로 가 성호를 받곤 했습니다. 현관 상들리에 밑에서 한 신도가 제게 손가락으로 성호를 그어야 한다고 일러주었습니다. 저는 미소 지으며 성호를 그었습니다. 밖에선 깨끗한 옷을 차려입은 아이들이 해사한 모습으로 마당을 이리저리 뛰어다

***프레스코화** 소석회(消石灰)에 모래를 섞은 모르타르를 벽면에 바르고 수분이 있는 동안 채색하여 완성하는 회화.

****심우도** 방황하는 자신의 본성을 발견하고 깨달음에 이르기까지의 과정을 야생의 소를 길들이는 데 비유하여 10단계로 그린 그림. 심우도(尋牛圖) 또는 십우도(十牛圖)라고 함.

니고 있습니다.

그 옛날 어린 시절의 저는 성당에 다녔습니다. 그곳으로 가면 미국제 구호물자를 받을 수 있었기 때문입니다. 욕심이 많았던 저는 시골 성당 입구에 마련된 얼음을 이마에 찍으며 오늘 구호 물품은 뭘까를 생각하곤 했습니다. 여름날 그 차가운 느낌이 아직도 제 기억에 생생히 남아 있습니다.

해 질 무렵, 저녁 종소리가 울리자 모두 또다시 이마에 성호를 그었습니다. 저 역시 어린 시절로 돌아가 성호를 그었습니다. 참 경건한 오후입니다. 옆을 보니 순진한 무신론자인 박성호 작가도 엄숙하게 성호를 긋고 있었습니다.

도난사건

그 오후의 경건함도 저녁 식사 후 깨졌습니다. 우린 북한에서 운영하는 이르쿠츠크 시내에 소재한 평양식당에서 저녁 식사를 했습니다. 음식은 맛이 있었고 종업원들은 친절했습니다. 벽에 붙여진 '휴식 없이 봉사함' 문구가 좀 마음에 걸리긴 했지만요.

김치찌개, 돼지족발, 소불고기, 두부조림, 오이무침, 콩나

물 등 한국의 어느 식당에 당도한 듯한 그런 맛있는 식사를 우린 즐겼습니다. 그런데 누가 나갔다 들어와 놀라운 소식을 전했습니다. 우리가 타고 온 전용버스 뒷창문이 열려 있다는 것이었습니다.

우리가 달려나갔을 때 이미 두 분의 가방이 도난당한 뒤였습니다. 사진작가 리, 우리를 안내하느라 수고한 교수 리. 이 두 분의 카메라와 여권이 없어진 겁니다. 버스 근처에서 사진작가의 카메라 렌즈후드가 발견되었지만 그건 도마뱀이 남긴 꼬리와도 같은 것일 뿐입니다. 마치 우리가 왔다 갔노라 하는 일지매의 흔적 같아 보였습니다.

두 분의 리는 인솔자를 대동하고 경찰서와 이르쿠츠크 한국영사관으로 달려갔습니다. 원숭이도 나무에서 떨어진다더니, 저희에게 여권은 꼭 몸에 품고 다니라고 신신당부하던 그 분이 그만 방심을 하고 만 겁니다. 러시아엔 마피아가 존재한다, 러시아 마피아가 빅토르 최를 교통사고로 위장하여 죽였다, 러시아 마피아는 전 세계에서 은밀히 암약하고 있다, 이런 흉흉한 말들이 오갔습니다. 모든 것이 비약되었고 서로서로 불안한 눈빛을 건넸습니다. 그러고 보니 아름다운 파리풍의 이르쿠츠크도 어딘가 음산한 느낌을 주었습니다. “역시 한국이 치안은 잘돼 있어”라고 누군가 말했습니다. 그건 자기 위안밖엔 안 되는 소리였지만 모두들 고개를 끄덕였습니다.

시내 야경을 구경하려던 계획도 취소되었습니다. 동료들은 애가 타서 속이 말이 아닐 텐데 한가로이 시내 구경을 할 맘이 내키지 않았던 겁니다. 우린 욜로치카 숙소로 돌아가 짐을 풀었습니다. 통나무집인 욜로치카는 자작나무 숲과 전나무 숲에 둘러싸여 있습니다.

밤 11시쯤 되어서 두 분의 '리'가 돌아왔습니다. 이르쿠츠크 경찰서에 신고를 했고, 한국영사관에선 임시여권 재발급 신청을 마쳤다고 했습니다. 하지만 여권이 나올 때까지 리 교수는 이르쿠츠크에 하루 정도 더 머물러 있어야 합니다. 그분은 여권이 나오면 모스크바대학으로 가서 연구를 계속한다는 계획을 말해주었습니다. 그간 모든 기록이 담긴 카메라를 졸지에 도난당한 사진작가 리는 그나마 여권을 소지하고 있었기 때문에 다행히 우리와 동행할 수 있다고 했습니다. 두 분의 말을 전해 들은 우리는 그제야 다들 안심이 되어 잠자리에 들 수 있었습니다.

자작나무와 어머니

아침은 나무 냄새로부터 왔습니다. 자작나무와 전나무 그리고 소나무 냄새가 창틈으로 스며들었습니다. 나무 냄새는 아침이 가장 순결합니다. 동트는 새벽은 늘 나무들에게 설렘을 주기 때문입니다. 허영과 저는 눈을 뜨자마자 간단한 세수를 마치고 산책길에 나섰습니다.

하얀 몸피의 나무입니다. 분칠한 듯한 껍질에서 나무의 숨결 소리가 느껴집니다. 횡단열차를 타고 올 때 스쳐 가던 자작나무들이 모두 여기에 모여 있는 듯했습니다. 군데군데 검은 점이 박힌 자작나무엔 어딘가 모를 신비함이 감돕니다.

이 자작나무 숲은 제가 살고 있는 동네에도 많습니다. 강원도 인제 수산리 자작나무 숲과 인제 원대리 자작나무 숲은 저희 집에서 20분이면 갈 수 있는 곳에 있습니다. 저의 산골집 골 안에도 자작나무 숲이 아침이면 햇빛으로 눈 부시게 반짝입니다. 옛날 어릴 적엔 겨울만 되면 자작나무 숲에서 여우가 울었습니다. 노인의 기침 같은 울음이 겨울 산을 쨍쨍 울리곤 했습니다.

백석의 〈백화白樺〉라는 시에는 산골집 대들보도, 기둥도, 문살도, 메밀국수를 삶는 장작도, 박우물도 모두 자작나무라고 적혀 있습니다. 백석은 이 시를 1938년 함경도 함주에서 썼습니다. 백석의 시처럼 인제 산골에선 겨울이면 아궁이에 자작나무를 지펴 솥에 메밀국수를 삶습니다. 자작나무 타는 냄새를 맡으며 '자작, 자작' 자작나무 껍질이 소멸하는 소리를 듣습니다. 흐린 겨울밤입니다. 절절 끓는 구들에 앉아 삶은 메밀국수를 먹는 날엔 정말 하얀 눈이 소복소복 내려 쌓이곤 했습니다. 제 고향은 이르쿠츠크에서 멀고 먼 인제 산골이지만 어쩐지 본래의 고향에 막 닿은 듯한 그런 느낌입니다.

저에겐 자작나무란 어머니와도 같습니다. 겨울 저녁 아궁이에 쪼그려 앉아 불을 지피시던 어머니를 저는 한시도 잊을 수가 없습니다. 자작거리며 타오르는 자작나무 불꽃은 맑고 따뜻한 어머니의 사랑이었습니다. 자작나무 그 냄새는 바로 어머니의 냄새였고, 굴뚝에 솟는 자작나무의 푸른 연기는 어머니의 영혼이었습니다.

아무것도 모르는 철부지 청년이었을 때 저는 한때 방황을 한 적이 있습니다. 저는 돈 한 푼 없이 전국을 방랑했습니다. 태백산맥 탄광촌 골짜기에서, 비린내 나는 항구의 부두어시장에서, 도시의 깊고 좁은 골목길에서, 어두운 저녁 멀고 먼 신작로를 걸으면서 저는 어머니를 생각했습니다. 그때마다 어머니는 늘 제 곁에 계셨습니다. 어머니를 떠올리면 불끈 힘이 났습니다. 그러나 저는 어머니에게 전화 한 통 하지 못했고, 편지글 한 장 띄우지 못했습니다. 너무나도 못난 아들이었습니다.

감자꽃이 지고 감자가 토실이 여물 무렵 저는 어머니에게로 돌아왔습니다. 그날 어머니의 아궁이엔 자작나무 불꽃이 자작거리며 타올랐습니다. 저는 모처럼 어머니의 냄새를 맡았습니다.

어머니 뭐하셔요
응 감자를 캔단다 자줏빛 감자

어머니 뭐하셔요
감자를 찌지 한 솥 가득
그 아인 금방 쪄낸 감자를 좋아했어

어머니 뭐하셔요
집 나간 아들을 기다리지 편지 한 장 없는

어머니 뭐하셔요
식은 감자 먹고 있어 별이 뜬 지가 언젠데

어머니가 할 수 있는 건 감자뿐
자줏빛 감자뿐

얘야 어디서든 허겁지겁 먹지 말아라
목 메어 체하면
빈주먹으로 가슴을 치게 되니까

어머니 뭐하셔요
누워 있지 들창을 열면 별이 쏟아지거든

어둔 밤길 걷는 아들아
제발 돌부리 걷어차지 말아라
네가 넘어지면 세상이 다 무너지니까

어느 골목에선가
휘파람 부는 소리 먼 발자국 소리

어머니 뭐하셔요
어머니 뭐하셔요

가만히 귀 기울이고 있지 뭐하긴
그 아이 발자국 소리를 어찌 잊겠어

오늘 밤도 어미 가슴에 피는
자줏빛 감자,
그 감자꽃

- 최돈선 〈어머니 뭐하셔요〉

저는 어머니에 대한 그리움으로 이 시를 썼습니다. 어머니의 목소리를 저는 단숨에 옮겨 적었습니다. 한 글자도 고치지 않았습니다. 어머니가 제게 주신 말씀을 그대로 기록한 것입니다. 이제 생각하니 어머니는 시인이셨습니다. 어머니는 제 곁을 떠나 계시지만 영원히 제 곁에 계십니다. 이 시베리아의 자작나무 숲에도 어머니의 목소리가 나직이 들려옵니다.

"얘야 감자꽃이 진 지가 언젠데… 어서 오지 않고…."

자작나무 숲 사이로

자작나무는 그 수령樹齡이 100년을 넘지 못합니다. 그러고 보니 사람의 수명과 닮아 있습니다. 저는 이날까지 살아오는 동안 백 년이 넘은 자작나무를 본 적이 없습니다. 그래서 자작나무는 느티나무처럼 오래된 고목이 없습니다. 늘 하얗고,

젊고, 엷은 부름켜를 내밉니다. 옛날 사람들은 자작나무 껍질로 편지를 쓰고, 책을 엮었다고 합니다.

또한 자작나무로 가구를 만들고, 문틀도 만들었습니다. 자작나무 있는 곳엔 샘물이 솟고, 사람들은 그 자작나무가 내준 수액을 마십니다. 자신이 늙음을 알았을 때 자작나무는 생을 마칩니다. 제 운명의 시간을 헤아릴 줄 아는 유일한 나무가 자작나무입니다. 이형기의 시처럼 '가야 할 때가 언제인지를 아는' 나무인 것입니다.

자작나무는 추운 지방에서 자라는 나무요, 삭풍의 겨울을 견뎌내는 강직한 나무입니다. 종이처럼 얇은 껍질을 켜켜이 두르고 기름을 풍족히 간직한 한대목寒帶木이 바로 자작나무입니다. 여기 부랴트인들에게도 자작나무는 주술적인 힘을 지니고 있습니다. 자작나무 껍질을 태워 향을 사르는 의식은 부랴트인들에겐 일상적인 일입니다. 자작나무엔 보이지 않는 정령이 깃들어 있기 때문입니다.

허영과 저는 자작나무 숲을 걸었습니다. 안가라강 쪽에서 오는 바람이 자작나무 이파리들을 가볍게 흔들었습니다. 어쩌면 우리도 한 그루의 자작나무가 되어 흔들리고 있는 듯싶었습니다. 자작나무 숲 사이로 안가라강이 빤히 내다보였습니다. 새벽 강은 해를 기다리고 있는 듯싶었는데, 하늘은 먹구름이 잔뜩 끼어 있었습니다. 하지만 어느 순간 그 먹구름을 뚫고 해가 동쪽에서 반짝 솟아올랐습니다. 아주 잠시뿐인 만남입니다. 아마 1분여 동안 비쳤을까 말까, 오렌지빛 해는 참으로 맑고 아름다웠습니다. 그러다가 이내 해는 먹구름 속으로 숨어버렸고 어느샌가 하늘은 온통 회색빛 구름밭으로 변해버렸습니다. 그리고 부슬비가 뿌리기 시작했습니다. 우린 인디언 소년들처럼 살금살금 안가라강 쪽으로 나아갔습니다.

잔교棧橋 가장자리로 유람선 몇 척이 정박해 있고, 낚시꾼 한 사람이 청동상처럼 오뚝이 서서 긴 낚싯대를 드리우고 있습니다. 찌는 미동도 하지 않습니다. 페트병을 반으로 자른 물병엔 하얀 비늘의 물고기들이 담겨 있습니다. 작은 오물omul의 사촌 같았습니다.

흐린 날인데도 그 은비늘은 아주 선명하고 빛이 났습니다. 그런데 비좁은 페트병에 갇힌 물고기는 산소가 부족했던지 숨을 멈춘 채 둥둥 떠 있었습니다. 안개와 같은 가랑비가 굵어지기 시작했습니다. 우린 자작나무 숲과 강을 뒤로하고 숙소로 발길을 돌렸습니다.

자작나무 숲을 지날 때 청설모 한 마리가 자작나무 사이를 뛰어넘는 모습을 보았습니다. 종종걸음으로 뛰어가면서 수우우, 수우우, 자작나무들이 바람결에 흔들리는 나직한 소리를 등 뒤로 들었습니다.

빗방울들이 숲 사이로 자욱이 떨어졌습니다. 비는 실로폰 소리와 함께 왔습니다. 그 실로폰 소리에 맞춰 자작나무 합창단이 굵은 베이스로 조용히 노래를 부르는 것 같았습니다.

탈치 민속박물관으로 가는 길

성채

여행에서 여행자가 빼놓을 수 없는 것이 그 지역에 소재하는 민속촌이나 박물관을 방문하는 일입니다. 욜로치카 식당에서 아침을 먹고 우린 탈치 민속박물관과 리스트비얀카 노천시장을 가기 위해 버스에 승차했습니다.

이르쿠츠크에서 버스로 47km를 가야 하는 길은 계속 부슬비가 뿌렸습니다. 새들이 낮게 날아다니는 날은 풍경도 깊어지는 법입니다. 길 양쪽 자작나무와 전나무 숲이 러시아 동화처럼 신비로운 수채화 물감으로 번져 있습니다. 구름이 짙은 회색과 먹빛에 섞여 동쪽으로 흘러갔습니다.

탈치 민속박물관에 다다랐을 때 우린 단순하나 위용 있는 요새를 목격했습니다. 탈치는 '봄'이란 뜻을 지니고 있다 했습니다. 안가라강 댐이 건설되면서 소수민족이 거주하는 이림스크 마을이 수몰 위기에 처하자 러시아 정부는 이림스크 마을의 요새를 현재의 장소로 이전하여 복원했다고 합니다.

1969년에 이림스크 마을의 망루, 목책, 정교회 성당, 학교, 생활가옥 등 40여 채의 목조건물이 규모를 갖춰 조성되어 있었습니다. 건물 자체를 그대로 옮긴 것도 있지만, 수몰지에서 쓸모 있는 자재를 옮겨와 건물형태를 그대로 재현해낸 것이 대부분입니다. 17세기에서 20세기까지 지어진 건물 모습에서 소수민족의 생활상이 그대로 엿보입니다.

목책이 둘러쳐진 성채는 견고해 보였습니다. 목책이 사람 키를 넘는 것으로 보아 외침에 대한 방비가 철저했음을 미루어 짐작할 수 있습니다. 우뚝 선 오스트롱 요새 망루의 모습이 마치 우리나라의 귀틀집 형태와 같아 보입니다. 쇠못 하나 박힌 데 없는 완벽하고 튼튼한 이런 목조건물들은 단순 명쾌할 뿐만 아니라 운치와 고아한 품위까지 느껴질 정도입니다.

러시아 통나무 귀틀집은 이즈바Izba라 하여 나무에 일체 못을 박지 않고 통나무에 홈을 파서 잇는 방법으로 집을 짓습니다. 못을 박지 않는 이유는 못 박은 틈새로 물이 스며들어 빨리 썩기 때문이라고 합니다. 주로 전나무, 소나무, 자작나무, 물푸레나무를 재료로 사용합니다.

창의 덧문 하나하나가 투박하지만 매우 실용적으로 짜여 있었습니다. 간결한 문양도 질박하기 그지없습니다. 통나무와 통나무를 우물 정井 자로 배열하고 그 귀퉁이를 오목하게 파서 짜 맞춘 솜씨는 빈틈 하나 없이 정교했습니다. 겨울 혹한의 추위를 견디려면 아주 튼튼한 건축물이 필요했을 터입니다.

부슬비가 내리면 우산을 펼치고 다니다가 비가 그치면 우산을 접어 이곳저곳을 기웃거리며 걸어 다녔습니다. 흐린 날의 시베리아는 성채를 더욱 깊은 과거로 이끌었습니다. 검은 새들이 비스듬히 날개를 기울여 작은 정교회 십자가 위를 건너 날아갔습니다. 카잔스키야라 부르는 작은 교회는 대체 신도가 몇이나 들어가 예배를 볼 수 있을는지 가늠이 되지 않았습니다. 좁은 예배당 안엔 아기 예수를 안고 있는 이콘* 성모자상만이 조용히 고개를 숙이고 있었습니다.

허영과 저는 하나하나 찬찬히 성채를 둘러보기로 했습니다. 이곳은 소수민족의 생활상뿐만 아니라 시베리아의 역사와 풍속을 들여다볼 수 있는 아주 좋은 곳이기 때문입니다.

---

* 이콘(icon) 주로 동방교회에서 발달한 예배용 화상.

과거의 기억들

성채 안은 학교, 정교회, 부랴트족과 에벤키족이 생활하던 집, 관공서, 민예품 판매점이 곳곳에 산재해 있었습니다. 통나무학교로 들어서자 맞은편 칠판 위로 러시아 황제 니콜라이 2세의 초상화가 화석처럼 걸려 있고, 학생들이 수업하던 책걸상은 먼지 하나 없이 반질반질 윤이 났습니다. 커다란 주판대가 세워진 곁으로 선생님 책상인 듯 둥근 지구의가 반듯하게 놓여 있습니다.

러시아의 마지막 황제 니콜라이 2세는 소박한 이웃 아저씨 같은 표정을 하고 있었습니다. 근엄한 황제의 위엄은 보이지 않았습니다. 그는 가족과 함께 우랄산맥 예카테린부르크 외딴집에 갇혀 있다 볼셰비키에게 처형당했습니다. 그와 그의 가족들의 시신은 불태워져 폐광된 광산에 버려졌다고 합니다.

우리는 마지막 황제를 뒤로 하고 부랴트인이 거주하던 집을 방문했습니다. 러시아 농촌 아낙네들의 알록달록한 의상이 유리 진열장에 가지런히 진열되어 있고, 실을 뽑던 물레와 각종 도구들이 다양하게 전시되어 있었습니다. 한쪽 구석에 설치되어 있는 페치카엔 오래된 주전자가 정물처럼 놓여 있는데, 춥고 긴 겨울을 나려면 페치카는 필수입니다. 페치카는 주방과 침실 모서리 한쪽 구석에 자리하여 집 안을 골고루 덥히는 난방 구실을 합니다.

다른 방엔 천장과 가까운 벽면으로 털이 보송보송한 온갖 짐승 가죽들이 걸려 있습니다. 늑대가죽, 사슴가죽, 양가죽 등 그 당시 사냥했던 흔적이 고스란히 남아 있습니다. 그것은 소수민족들이 시베리아에서 사냥을 하며 살았던 흔적입니다. 사냥감의 종류와 가죽 수에 따라 부의 척도를 가늠할 수 있었다고 하니 사냥은 그들에게 아주 중요한 일과였던 듯합니다.

그럼 시베리아 아낙네들의 생활은 어떠했을까요. 한 통나무 건물로 들어가니 그곳엔 베틀을 앞에 놓고 양털 모직을 짜고 있는 아낙네를 만날 수 있었습니다. 원주민이 직접 시연을 하고 있는 모습은 처음 보았습니다. 현지 아낙네는 관광객들을 거의 의식하지 않고 베틀 앞에 앉아 실을 짜는 데만 몰두했습니다. 곁엔 완성된 각종 색깔의 실뭉치가 정물처럼 놓여 있습니다.

그걸 보니 옛날 시베리아 아낙네들의 고단한 삶이 우리네 조선 여인들의 삶과 크게 다르지 않다는 걸 알게 되었습니다. 물레와 베틀로 밤새 옷을 짜던 조선 여인들의 한숨이 여기 시베리아에서도 들리는 듯싶었습니다.

쿡찔끔 이야기

특히 시베리아는 물이 부족해서 늘 물을 아껴 씁니다. 고깔 모양의 양철통에 연결된 가느다란 관을 손바닥으로 밀어 올리면 물이 졸졸 흐르게 되어 있는데 손바닥을 놓으면 물관이 내려와 물이 흐르는 통로를 막아 물길이 멈춥니다.

사용한 물은 나무통에 담아 화분에 물을 주거나 집 안 청소를 하거나 또는 주변 채마밭에 뿌려 재활용한다고 합니다. 이런 물통을 어찌 불러야 할지 몰라 인솔자나 다른 분들에게 물어보았으나 아는 분이 없었습니다. 그래서 저는 이런 방식의 물통을 절수통이라 부르기로 했고, 이런 절수장치가 되어 있는 수도꼭지를 절수형 수도라 부르기로 했습니다. 207열차 편에서도 잠시 언급했지만 시베리아 횡단열차 화장실엔 이 절수형 수도를 필수적으로 쓰고 있었습니다.

그런데 어느새 곁에 와 있던 박성호 작가가 그건 좀 재미없잖아요? 하며 '쿡찔끔'이라 이름하면 어떠냐고 제안했습니다. 손바닥으로 쿡 밀어 올리면 물이 찔끔 흘러내린다는 뜻이랍니다. 아하, 그거 참 재미있다 싶어 앞으론 '쿡찔끔'으로 부르기로 했습니다. 역시 박성호입니다.

마트료시카 그리고 오카리나

밖으로 나와 보니 가늘게 내리던 비도 그치고 거대한 러시아 구름군단만이 동쪽으로 흘러갈 뿐이었습니다. 우린 이곳저곳의 목조 집을 둘러보다가 야외 기념품 가게로 갔습니다. 마트료시카, 호루라기, 갖가지 원주민 인형들, 바이칼에서 서식하는 물고기 인형, 네르파(물범) 모양의 오카리나, 각양각색의 메달과 목걸이, 깔끔한 브로치 등이 색색으로 진열되어 있었습니다. 기념품 가게 주인은 러시아 청년인데 물푸레나무로 마트료시카 인형을 깎고 있었습니다.

이 마트료시카 인형은 1890년에 처음 만들어졌는데 일본 인형에서 착안했다고 합니다. 인형 속에 인형이 들어 있는, 일본의 목각인형 칠복신七福神을 본 따 만든 것이랍니다. 부와 행복, 장수를 상징한다는군요.

러시아 전통의상을 입은 인형은 3개짜리 인형에서 9개짜리 인형이 보통인데, 정교한 것은 50개짜리 인형도 있다고 합니다. 개수가 많을수록 비쌉니다. 그 인형들을 끄집어내어 키 순으로 나란히 배열하면 모두 한 가족을 구성합니다. 안에 든 인형이 수월하게 빠져나오고 집어넣을 때 잘 맞춰지는 것이 좋은 제품입니다.

그런데 눈에 띄는 것은 네르파 모양의 오카리나였습니다. 전 이걸 보면 중국의 황하를 떠올립니다. 그 아득하고 아련한, 멀고 깊은 그 소리는 금빛 황하의 물결과 함께 저를 단숨에 사로잡곤 했습니다.

저는 곁에 놓여 있는 네르파 모양의 오카리나를 집어 입에 가져가 조심스럽게 불어보았습니다. 그런데 픽픽거리며 소리가 잘 나지 않았습니다. 허영도 오카리나를 집어 함께 불기 시작했습니다. 아아, 그때 먼 그리움 같은 소리가 황혼의 노을처럼 울려 퍼졌습니다.

저는 KBS에서 방영한 다큐멘터리 〈대황하大黃河〉를 잊을 수 없습니다. 금빛 황하의 빛나는 물줄기를 잊을 수 없습니다. 아니, 황하의 유장한 흐름에 따라 흐르던 애조 띤 오카리나의 배경음을 잊을 수 없습니다. 오카리나는 작은 거위를 뜻하는 말입니다. 모양이 새를 닮았습니다. 흙을 빚어 가마에서 구워낸 취주악기인데, 구멍에 바람을 불어넣으면 빈 통을 울려 소리를 냅니다. 구멍의 개수에 따라 다양한 연주를 할 수 있습니다.

오카리나는 가늘고 먼, 애잔한 음색을 냅니다. 허영과 저는 네르파 모양의 오카리나를 몇 개씩 샀습니다. 오카리나를 잘 불진 못하지만 집으로 돌아가 노을을 바라보며 이따금씩 후후 불어 젖히면 석양 속 바이칼호가 아련히 떠오를지도 모릅니다.

저는 주머니에 넣었던 오카리나를 생각날 때마다 꺼내어 입으로 후후 불며 걸었습니다. 자작나무 숲길은 깊었습니다. 하얀 나무줄기와 나뭇잎들이 내리는 부슬비에 젖고 있었습니다. 자작나무 숲은 원시적인 신비감이 감돌았습니다.

숲속을 가만히 들여다보면 나무껍질로 지은, 인디언 천막 같은 세모꼴의 에벤키족의 집이 보입니다. 에벤키족이 타던 카누와 사냥한 순록의 뼈들, 그리고 식량창고 곁으로 장승이 늠름하게 우뚝 서 있습니다. 나무묘지도 있고, 시체를 말리는 나무십자가 모양의 풍장風葬터도 보이고, 긴 뱀 껍질 모양의 나무 수로水路도 숲 사이로 나 있습니다. 아마도 물레방아로 물을 길어 올려 이 수로를 통해 농장으로 공급했던 흔적일 겁니다. 자작나무 숲 사이로 안가라강이 빤히 내다보이는군요.

아침에도 그랬지만 자작나무 숲에서 바깥 안가라강을 내다보는 일은 저를 늘 설레게 합니다. 하늘은 낮고 강은 흐렸습니다. 어딘가 호루라기 소리가 들리는 듯싶었습니다. 저는 어린아이가 호루라기를 휘휘 불고 다니는 흐린 날의 풍경을 떠올리며 오랫동안 강을 바라보았습니다.

점심 식사 후에 바라본 안가라강 길목의 바위

우린 탈치 민속박물관에서 그리 멀지 않은 안가라강 기슭 호텔에서 러시아 정식으로 점심 식사를 했습니다. 닭고기밥과 감자를 넣은 스프, 오이와 당근 샐러드를 먹고 난 뒤 바깥 테라스로 나왔습니다.

바람이 불어 안가라강 물결이 거칠게 일었습니다. 멀리 물결 속에 잠길 듯 말 듯한 바위가 머리를 내밀고 있는 모습이 보입니다. 그 바위에 얽힌 이야기는 바이칼의 슬픈 전설로 전해져 오고 있습니다.

옛날 늙은 영웅 바이칼이 살고 있었을 때의 이야기입니다. 바이칼에게는 336명의 아들과 외동딸 안가라가 있었습니다. 바이칼은 외동딸 안가라를 이르쿠트에게 시집을 보내려 마음먹었습니다. 그런데 먼 북쪽에 있던 갈매기가 날아와 예니세이라는 용사 이야기를 들려줍니다. 어떤 싸움에서도 한 번도 져본 적이 없으며 인물은 이 세상 청년 중 가장 으뜸이라고 했습니다. 그때부터 안가라는 예니세이를 흠모하게 됩니다. 이것을 안 바이칼은 안가라를 감시하게 되는데 336명의 오빠들 도움으로 안가라는 예니세이가 있는 북쪽을 향해 도망칩니다.

하지만 바이칼은 잠에서 깨어나 도망치는 안가라를 향해 큰 바위를 던졌고 안가라는 그만 그 돌에 맞아 죽습니다. 안가라를 죽인 그 돌은 섬처럼 떠 있어 지난 안가라의 슬픈 이야기를 전해줍니다.

부랴트인들의 관습에 의하면 이 바위에 죄 지은 사람을 묶어두곤 다음 날까지 살아 있으면 죄가 없다고 하여 풀어주고, 죄인이 사라지고 없으면 바이칼 호수의 신이 거두어갔다고 믿었답니다. 이 바위를 그래서 샤먼 바위라 부릅니다. 신령한 기운이 있기 때문입니다. 바이칼엔 두 군데 샤먼 바위가 있는데, 올혼섬의 부르한 바위도 위와 같은 이유로 샤먼 바위로 부르고 있습니다.

바이칼의 아들들은 바이칼로 흘러드는 336개의 강줄기를 이릅니다. 안가라강이 바이칼의 유일한 출구인데, 길고 긴 예니세이강과 만나 북극해로 흘러드는 것을 의인화한 이야기입니다. 이르쿠트는 현재의 이르쿠츠크 시를 말합니다.

바이칼호에서 안가라강으로 빠져나가는 물길의 유속이 매우 빠른 것은 오빠들이 어서 도망가라고 안가라의 등을 떠밀기 때문이라고 합니다. 안가라강 상류에 댐이 건설되고부터 바이칼호의 수위가 1m 높아졌습니다. 근처에 댐이 있는 이르쿠츠크시는 지구상에서 제일 값싼 전기를 제공받고 있다는군요.

하지만 제 궁금증은 값싼 전기료가 아니라 이 바이칼에 서식하는 물고기 생태에 관한 것이었습니다. 그래서 우린 곧 그리 멀지 않은 근처 호수 박물관으로 갔습니다. 그곳엔 바이칼 호수에 서식하는 물고기뿐만 아니라 주변 산악지대에 서식하는 동식물 표본도 함께 전시되어 있었습니다.

호수 박물관

호수 박물관엔 살아 있는 생물을 보여주는 수족관 11개와 바이칼 주변에서 자라는 식물표본실, 바이칼의 지질현상전도, 바이칼 호수의 생태를 보여주는 미생물실, 가상잠수함을 타고 수면 깊숙이 내려가는 체험관 등이 있습니다. 이중 제가 관심을 둔 것은 진짜 오물의 살아 있는 모습과 네르파와 민물새우 에피슈라 입니다.

오물의 종류는 너무나 많습니다. 연어과에 속한 이 물고기는 남획으로 현격히 그 개체수가 줄어들었습니다. 바이칼에서 한해 30만 톤이 잡히는데 어로 할당량이 엄격히 정해져 있습니다. 수족관에서 배회하는 오물은 아주 큰 오물인데

40cm 정도 되었습니다. 바이칼에서만 서식한다는 이 물고기는 어쩌면 바이칼의 진짜 주인일지도 모른다는 생각이 들었습니다.

오물은 이 지역 사람들의 주식이나 다름없습니다. 우리나라 명태와 같이 탕을 끓여도 먹고, 소금에 절여도 먹고, 자작나무 훈제를 해서 먹기도 합니다. 자작나무로 구운 오물은 자작나무향이 배어 있어 그 맛이 아주 일품이랍니다.

그런데 다른 수족관으로 가보니 웬 둥근 공이 물속을 이리저리 굴러다니는 거였습니다. 아 저놈이 말로만 듣던 네르파로구나. 럭비공보다 더 부풀어 있는 녀석은 그 동글동글한 몸을 잽싸게 놀리며 헤엄쳐 다니고 있었습니다. 얼마나 놀라운 속도인지 카메라를 들이대도 제대로 포착할 수 없었습니다. 민물에 서식하는 물범은 아마 북극해에서 이곳까지 오지 않았나 추측합니다만 그것도 정확히 규명되지는 않았습니다. 한때 남획으로 물범의 개체수가 급격히 감소하여 멸종 위기에 처하자 당국에서 물범 사냥을 금하게 되었다고 합니다.

물범뿐만 아니라 철갑상어도 이 수족관의 중요한 볼거리입니다. 하지만 무엇보다 제 눈길을 끄는 것은 에피슈라입니다. 이 녀석들은 바이칼의 청소부로 잘 알려져 있습니다. 호수 바닥에 서식하는 에피슈라라는 이 새우는, 죽은 생물은 뭐든 닥치는 대로 먹어 치운다고 합니다.

바이칼 호수에 사람이 익사하면 3일 후엔 시체가 흔적도 없이 사라져버린다고 하네요. 어떤 거대한 생물도 일주일이면 다 먹어치운다고 하는 무시무시한 녀석들입니다. 그래서 바이칼의 청소부란 별명이 붙은 모양입니다. 이 에피슈라는 바이칼을 정화시키는 생물로서 그 역할을 톡톡히 해내고 있는 셈입니다.

리스트뱐카의 노천시장

리스트뱐카엔 비가 뿌렸습니다. 길옆으로 바다 같은 호수가 일렁였습니다. 바람이 불자 거칠게 물결이 일어 검푸른 바이칼은 흰 물거품을 육지로 무겁게 밀어내곤 했습니다. 리스트뱐카 마을은 바이칼 호수에서 유일하게 물이 빠져나가는 길목에 있습니다. 마을주민은 바이칼호에서 물고기를 잡아 생활하고 있습니다. 이곳은 노천시장이 자리하고 있어 바이칼에서 생산되는 각종 어종을 판매합니다. 골로미앙카란 물고기는 우리나라 빙어와 같이 투명한 물고기입니다. 햇볕을 쬐면 녹아버린다는 신기한 물고기로 잘 알려져 있습니다. 음지에서 말린 골로미앙카 한 마리가 100루블이니까 우리 돈으로 2천 원 정도 합니다. 좀 비싼 편입니다. 기름기가 많아서 바이칼 물범의 주요 먹이가 된다는데 우리나라 사람들은 설사를 각오해야 한다고 해서 사 먹지는 않았습니다. 대신 소금에 절인 오물은 생맥주를 곁들여 먹었습니다. 약간 비린 맛이 나는데 그 고소함이 우리나라 과메기와 흡사한 맛이었습니다.

여기 생선 가게를 차린 아낙들은 대부분 바이칼 어부들의 아내나 딸들입니다. 이들은 잡아 온 물고기를 소금에 절이거나 자작나무 숯불로 훈제하여 시장에 내놓습니다. 노천시장을 나오니 또다시 부슬비가 뿌렸습니다. 자작나무 숲 너머로 회색의 수평선이 흐릿한 하늘에 섞여 지워지고 있었습니다. 바이칼은 빗속에 잠겨 하늘인지 바다인지 모를 몽환의 세계 속으로 빠져들고 있었습니다.

저는 호수와 접한 모래사장으로 가 손을 담가보았습니다. 여름인데도 물은 차가웠습니다. 비가 오는데도 몇몇 사람들이 수영복 차림으로 몸을 담그고 있었습니다. 하지만 오래 있지는 못했습니다. 호안가로 잔교가 즐비하게 늘어선 곳엔 낚시꾼 몇이 비를 맞으며 릴낚시를 던지고 있었습니다.

긴 철로로 바이칼호 전용열차가 느리게 지나갔습니다. 바이칼호를 도는 데만 12시간이 걸린다고 합니다. 언제 다시 한번 이곳에 들르게 되면 이 열차를 타고 바이칼 여행을 하고 싶습니다.

반야욕 그리고 늑대

저녁이 다가올 즈음 우린 버스에 몸을 실었습니다. 러시아식 사우나인 반야욕을 하기 위해서입니다. 바이칼에 손을 한 번 담그면 5년을 더 살고, 손발을 한 번 담그면 10년을 더 살며, 반야욕을 한 번 하면 100세 장수를 누린다는 말이 있습니다. 100세를 누릴지는 모르지만 우린 반야체험을 한다는 기대로 잔뜩 설렜습니다.

차창에 흐르는 빗물이 건물과 숲을 뿌옇게 흐려놓았습니다. 꿈결같이 어딘지도 모르는 숲속 길을 한참이나 들어갔습니다. 길은 흙길이어서 빗물이 고인 웅덩이를 지날 때는 버스가 덜컹거렸습니다. 그제야 잔잔한 안가라 강기슭으로 목조가옥 한 채가 눈에 띄었습니다.

여탕과 남탕이 따로 분리되어 있었습니다. 안으로 들어가니 자작나무 원목이 네모나게 둘러쳐진 곳에 달궈진 돌들이 층층이 쌓여 있었습니다. 우린 짚북데기가 수북이 덮인 깔판 위로 가 앉았고 허영이 양동이에 담긴 물을 뜨거운 돌에 뿌렸습니다. 그러자 구름이 일듯 지지직 수증기가 피어올랐습니다.

갑자기 탕 안이 뜨거운 열기로 휩싸였습니다. 우린 마른 자작나무 이파리를 물에 적셔, 서로의 등을 가볍게 두드려 그간의 여독을 말끔히 씻어냈습니다. 목사님 두 분은 유머 섞인 Y담을 어찌나 잘하시는지 모두들 유쾌히 웃곤 했습니다.

돌이 식으면 다시 물을 뿌리고 발가벗은 몸에 자작나무 잎을 또 두드렸습니다. 열기가 오르면 밖으로 나가 욕탕 곁을 흐르는 안가라 강물에 몸을 담갔습니다. 그렇게 반복하다 보니 몸 안의 피톨이 빠르게 도는 느낌이었고 묵직했던 머리가 맑아져 왔습니다. 러시아인들은 한겨울에도 탕과 강물을 수시로 드나들며 반야욕을 즐긴다고 합니다. 1시간가량 그렇게 반야욕을 즐기고 밖을 나서니 날이 어두워지고 있었습니다.

저녁 식사를 하기엔 좀 이른 시간이어서 식사를 준비하는 동안 저는 숲과 강을 둘러보기로 했습니다. 비는 그쳤지만, 숲은 축축했고 깊었으며 고요했습니다. 비어 있는 숲 어딘가에서 짐승의 신음소리가 들려왔습니다. 생을 포기한 듯한 맹수의 소리였습니다. 어쩌면 숲이 우는 소리였는지도 모릅니다. 그러나 그 소린 원시림 저 멀리서 들려오는 소리가 아니었습니다. 그 소린 아주 가까운 곳에서 애처롭게 신음하는, 지극히 나지막한 소리였습니다.

그랬습니다. 제가 목격한 것은 울에 갇힌 한 마리 늑대였습니다. 철망 안은 어두웠습니다. 그 한쪽 구석에 늑대가 엎드려 있었습니다. 회색 늑대는 생을 포기한 듯이 움직이지도 않았습니다. 눈은 허공을 응시한 채 빛을 잃었습니다.

1891년 미국 뉴멕시코주에 출몰한 늑대왕 로보의 이야기가 생각납니다. 농장에 있는 수천 마리 염소와 양과 소들이 2년 동안 이 늑대에게 희생되었습니다. 농장주들은 늑대왕 로보를 잡기 위해 온갖 수단을 다해 애를 썼으나 이 늑대왕 로보를 잡지 못했습니다. 다섯 마리의 부하를 거느린 늑대왕 로보는 사람보다 두뇌회전이 빠르고 교활했으며 매우 민첩했습니다.

동물학자 시이튼은 직접 늑대왕 로보를 잡기로 작정하고 1년 동안 여러 가지 방법을 동원했으나 역시 실패의 연속이었습니다. 그래서 궁리하던 차에 늑대왕 로보의 아내 블랑카를 먼저 생포하는 데 성공합니다. 이에 분노와 슬픔에 잠긴 로보가 그토록 냉철하던 이성을 잃고 시이튼이 놓은 덫에 걸려 잡히고 맙니다. 사로잡힌 늑대왕 로보는 인간이 주는 먹이를 거부한 채 그대로 굶어 죽습니다.

시이튼은 《시이튼 동물기》에, 자신은 사랑하는 배우자를 먼저 죽이는 지극히 비열한 방법을 썼다며 심히 자책했습니다다. 늑대는 자신의 아내가 생포되어 죽자 아내의 시신이 있는 곳으로 걸어 들어갔던 게 분명합니다. 사랑하는 아내 블랑카의 죽음 앞에서 더 이상 살아갈 의미를 잃어버렸는지도 모릅니다.

이 시베리아의 숲에서 생포된 저 늑대도 로보처럼 스스로 삶을 포기한 채 조용히 죽음을 기다리고 있는지도 모를 일입니다. 인간 때문에 숲을 잃어버리고 남획으로 점차 사라져가는 늑대의 생을 대하자니 울컥 가슴으로 치밀어 오르는 슬픔과 분노를 억제치 못했습니다.

저는 늘 시베리아를 꿈꾸면서 늑대를 생각해왔습니다. 여기 제 졸시 한 편을 소개합니다.

어떠한 배경도
이곳을 침범 못한다
다만 들판이다
숨지도 못하는 들판이다
내가 짖을 수 있는 황량한
어둠이다
아무것도 남지 않고
굶주림만 남는

오오랜 조상의 피가 물든 곳이다
이곳에서 누구나 한번은
핏빛 울음을 뉘우친다
실로 창백한 저 하얀 달을
물어뜯는 것이다
밤새도록 내게 맡겨진 싸움
원수를 부르는 싸움
애처로운 그림자를 따라
멀리 멀리 돌아가야 한다
최후의 들판을 배경으로

- 최돈선 〈늑대〉

저에겐 이르쿠츠크의 마지막 저녁 식사가 그다지 유쾌하지 못했습니다. 다른 분들은 즐겁게 식사를 하며 담소를 나누었지만 저는 마음이 몹시 무거웠습니다. 울타리에 갇힌 저 늑대가 오늘 밤을 넘기지 못할 거라는 예감이 불현듯 들었던 때문입니다. 저는 쇠꼬챙이에 꿰어진 샤슬릭(양고기구이)을 늑대처럼 달려들어 아귀아귀 씹어 먹었습니다. 저는 한 마리 고독한 늑대가 된 느낌이었습니다. 저 울 속의 늑대가 늑대왕 로보처럼 이 밤에 홀로 죽어갈지도 모른다는 생각에 저는 마음이 영 편치 않았습니다.

130번가街, 네온의 밤

이제 몇 시간 후면 새벽 비행기를 타야 합니다. 시간이 많이 남아 일부는 쇼핑을 하거나 일부는 거리를 배회하기로 했습니다. 이르쿠츠크시는 '시베리아의 파리'라 불리는데 우리는 그중에서도 현대적 목조건축물이 한데 모여 있는 130번가를 들르기로 했습니다.

이 거리의 목조건축물들은 저마다 독특하게 지어져 있습니다. 주로 네온이 휘황한 카페 거리입니다. 130번가 입구엔 검은 '바브babr' 청동상이 서 있습니다. 바브란 시베리아 토착어인데 바이칼 호수 주변에 서식하는 호랑이를 말합니다. 입에 담비를 물고 어디론가 뛰어가는 모습을 하고 있습니다. 이곳 주민들은 이 바브가 풍요와 행운의 마법을 부린다고 믿고 있습니다.

이 호랑이가 담비를 물고 있는 것은 담비를 잡아먹기 위해서가 아니라 담비를 안전한 곳으로 대피시키기 위한 것이라 합니다. 초피貂皮라 부르는 이 담비의 털과 가죽은 워낙 귀하고 비싸서 사냥꾼들이 주로 노리는 동물입니다. 1690년 로마노프 왕조 때 표트르 대제는 '담비를 물고 가는 그림'을 이르쿠츠크시에 하사下賜함으로써 이 도시의 공식 문장紋章이 되었습니다.

나중에 이 바브는 호랑이에서 상상 속의 영적인 동물로 승화되어 이르쿠츠크시의 풍요와 행운을 상징하게 되었다고 합니다.

130번가의 밤은 몽환적인 동화처럼 시간이 흘렀습니다. 가로등 꺼진 거리는 그다지 밝지 못했으나 어느 골목에선가 불쑥불쑥 마법의 피에로가 나타날 것만 같은 느낌이었습니다. 우린 가게로 들어가 생맥주 한 잔씩을 놓고 이르쿠츠크의 마지막 밤을 마셨습니다.

거품 속에 스러지는 기억들이 빛처럼 반짝였습니다. 새벽 2시 반 비행기는 이르쿠츠크를 출발하여 아침 7시 35분에 인천공항에 도착하게 되어 있습니다. 가야 할 때가 언제인가를 분명히 알고 가는 이의 뒷모습은 얼마나 아름다운가, 라는 이형기 시인의 시가 다시금 떠오르는 밤입니다. 이것이 마지막 시베리아의 여행이 될는지는 알 수 없는 일입니다. 하지만 다시 돌아와 이 시베리아의 깊은 이야기를 듣고 싶습니다. 여기 시베리아의 원주민들과 함께 춤추고 함께 노래하고 싶습니다. 오래오래 머물러 해지는 노을을 바라보고 싶습니다.

130번가 입구엔 검은 '바브' 청동상이 서 있습니다.
이 바브는 호랑이에서 상상 속의 영적인 동물로 승화되어
이르쿠츠크시의 풍요와 행운을 상징하게 되었다고 합니다.

이륙한 비행기 차창을 통해 보석처럼 반짝이는 이르쿠츠크의 야경을 내려다봅니다. 여행은 늘 고독하지만 영혼은 늘 눈을 뜨고 또다시 먼 여행을 꿈꿉니다. 잘 있어요, 이르쿠츠크여! 잘 있어요, 시베리아여! 잘 있어요, 푸른 바이칼아! 언제 다시 이 시베리아를 만나게 될지, 저는 기약도 없는 인사를 드립니다.